NOUVEAUX CLASSIQUES LAROUSSE

Collection fondée en 19..
FÉ...

co... ... par

LÉON LEJEALLE (1949 à 1968) et **JEAN-POL CAPUT (1969 à 1972)**
Agrégés des Lettres

L'AVARE

comédie

Librairie Larousse (Canada) limitée, propriétaire pour le Canada des droits d'auteur et des marques de commerce Larousse. – Distributeur exclusif au Canada : les Éditions Françaises Inc., licencié quant aux droits d'auteur et usager inscrit des marques pour le Canada.

« LE PESEUR D'OR »

de Gérard Dou (1613-1675).

École hollandaise. (Musée du Louvre.)

MOLIÈRE

L'AVARE

comédie Miser

avec une Notice biographique, une Notice historique et littéraire,
des Notes explicatives, une Documentation thématique, des Jugements,
un Questionnaire et des Sujets de devoirs,

par

LÉON LEJEALLE
Agrégé des Lettres

LIBRAIRIE LAROUSSE
17, rue du Montparnasse, et boulevard Raspail, 114
Succursale : 58, rue des Écoles (Sorbonne)

RÉSUMÉ CHRONOLOGIQUE
DE LA VIE DE MOLIÈRE
1622-1673

1622 (15 janvier) — Baptême à **Paris**, à l'église Saint-Eustache, de Jean-Baptiste Poquelin, fils aîné du marchand tapissier Jean Poquelin et de Marie Cressé.

1632 (mai) — Mort de Marie Cressé.

1637 — Jean Poquelin assure à son fils Jean-Baptiste la survivance de sa charge de tapissier ordinaire du roi. (Cet office, transmissible par héritage ou par vente, assurait à son possesseur le privilège de fournir et d'entretenir une partie du mobilier royal; Jean Poquelin n'était évidemment pas le seul à posséder une telle charge.)

1639 (?) — Jean-Baptiste termine ses études secondaires au collège de Clermont (aujourd'hui lycée Louis-le-Grand), tenu par les Jésuites.

1642 — Il fait ses études de droit à Orléans et obtient sa licence. C'est peut-être à cette époque qu'il subit l'influence du philosophe épicurien Gassendi et lie connaissance avec les « libertins » Chapelle, Cyrano de Bergerac, d'Assoucy.

1643 (16 juin) — S'étant lié avec une comédienne, **Madeleine Béjart**, née en 1618, il constitue avec elle une troupe qui prend le nom d'**Illustre-Théâtre;** la troupe est dirigée par Madeleine Béjart.

1644 — Jean-Baptiste Poquelin prend le surnom de **Molière** et devient directeur de l'Illustre-Théâtre, qui, après des représentations en province, s'installe à Paris et joue dans des salles de jeu de paume désaffectées.

1645 — L'Illustre-Théâtre connaît des difficultés financières; Molière est emprisonné au Châtelet pour dettes pendant quelques jours.

1645 — Molière part pour la **province** avec sa troupe. Cette longue période
1658 de treize années est assez mal connue : on a pu repérer son passage à certaines dates dans telle ou telle région, mais on ne possède guère de renseignements sur le répertoire de son théâtre; il est vraisemblable qu'outre des tragédies d'auteurs contemporains (notamment Corneille) Molière donnait de courtes farces de sa composition, dont certaines n'étaient qu'un canevas sur lequel les acteurs improvisaient, à l'italienne.
1645-1653 — La troupe est protégée par le duc d'Epernon, gouverneur de Guyenne. Molière, qui a laissé la direction au comédien Dufresne, imposé par le duc, reprend lui-même (1650) la tête de la troupe : il joue dans les villes du Sud-Ouest (Albi, Carcassonne, Toulouse, Agen, Pézenas), mais aussi à Lyon (1650 et 1652).
1653-1657 — La troupe passe sous la protection du prince de Conti, gouverneur du Languedoc. Molière reste dans les mêmes régions : il joue le personnage de Mascarille dans deux comédies de lui (les premières dont nous ayons le texte) : **l'Étourdi,** donné à Lyon en **1655, le Dépit amoureux,** à Béziers en **1656.**
1657-1658 — Molière est maintenant protégé par le gouverneur de Normandie; il rencontre Corneille à Rouen; il joue aussi à Lyon et à Grenoble.

1658 — Retour à Paris de Molière et de sa troupe, qui devient « troupe de Monsieur »; le succès d'une représentation (*Nicomède* et une farce) donnée devant le roi (24 octobre) lui fait obtenir la **salle du Petit-Bourbon** (près du Louvre), où il joue en alternance avec les comédiens italiens.

1659 (18 novembre) — Première représentation des *Précieuses ridicules* (après *Cinna*) : grand succès.

1660 — *Sganarelle* (mai). Molière crée, à la manière des Italiens, le personnage de **Sganarelle**, qui reparaîtra, **toujours interprété par lui**, dans plusieurs comédies qui suivront. — Il reprend, son frère étant mort, la survivance de la charge paternelle (tapissier du roi) qu'il lui avait cédée en 1654.

© *Librairie Larousse*, 1971.   ISBN 2-03-034656-X

1661 — Molière, qui a dû abandonner le théâtre du Petit-Bourbon (démoli pour permettre la construction de la colonnade du Louvre), s'installe au **Palais-Royal.** *Dom Garcie de Navarre,* comédie héroïque : échec. *L'École des maris* (24 juin) : succès. *Les Fâcheux* (novembre), première comédie-ballet, jouée devant le roi, chez Fouquet, au château de Vaux-le-Vicomte.

1662 — **Mariage** de Molière avec **Armande Béjart** (sœur ou fille de Madeleine), de vingt ans plus jeune que lui. *L'École des femmes* (26 décembre) : grand succès.

1663 — Querelle à propos de l'*École des femmes.* Molière répond par *la Critique de l' « École des femmes »* (1er juin) et par *l'Impromptu de Versailles* (14 octobre).

1664 — Naissance et mort du premier enfant de Molière : Louis XIV en est le parrain. *Le Mariage forcé* (janvier), comédie-ballet. Du 8 au 13 mai, fêtes de l' « Île enchantée » à Versailles : Molière, qui anime les divertissements, donne *la Princesse d'Élide* (8 mai) et les trois premiers actes du *Tartuffe* (12 mai) : **interdiction** de donner à Paris cette dernière pièce. Molière joue *la Thébaïde,* de Racine.

1665 — *Dom Juan* (15 février) : malgré le succès, Molière, toujours critiqué par les dévots, retire sa pièce après quinze représentations. Louis XIV donne à la troupe de Molière le titre de « troupe du Roi » avec une pension de 6 000 livres (somme assez faible, puisqu'une bonne représentation au Palais-Royal rapporte, d'après le registre de La Grange, couramment 1 500 livres et que la première du *Tartuffe,* en 1669, rapportera 2 860 livres). *L'Amour médecin* (15 septembre). Brouille avec Racine, qui retire à Molière son *Alexandre* pour le donner à l'Hôtel de Bourgogne.

1666 — Molière, malade, cesse de jouer pendant plus de deux mois; il loue une maison à Auteuil. *Le Misanthrope* (4 juin). *Le Médecin malgré lui* (6 août), dernière pièce où apparaît Sganarelle. En décembre, fêtes du « Ballet des Muses » à Saint-Germain : *Mélicerte* (2 décembre).

1667 — Suite des fêtes de Saint-Germain : Molière y donne encore *la Pastorale comique* (5 janvier) et *le Sicilien ou l'Amour peintre* (14 février). **Nouvelle version du *Tartuffe,*** sous le titre de *l'Imposteur* (5 août) : la pièce **est interdite** le lendemain.

1668 — **Amphitryon** (13 janvier). **George Dandin** (18 juillet). *L'Avare* (9 septembre).

1669 — Troisième version du *Tartuffe* (5 février), enfin **autorisé** : immense succès. Mort du père de Molière (25 février). A Chambord, *Monsieur de Pourceaugnac* (6 octobre).

1670 — *Les Amants magnifiques,* comédie-ballet (30 janvier à Saint-Germain). *Le Bourgeois gentilhomme,* comédie-ballet (14 octobre à Chambord).

1671 — *Psyché,* tragédie-ballet avec Quinault, Corneille et Lully (17 janvier), aux Tuileries, puis au Palais-Royal, aménagé pour ce nouveau spectacle. *Les Fourberies de Scapin* (24 mai). *La Comtesse d'Escarbagnas* (2 décembre à Saint-Germain).

1672 — Mort de Madeleine Béjart (17 février). *Les Femmes savantes* (11 mars). Brouille avec Lully, qui a obtenu du roi le privilège de tous les spectacles avec musique et ballets.

1673 — *Le Malade imaginaire* (10 février). A la quatrième représentation (17 février), Molière, pris en scène d'un malaise, est transporté chez lui, rue de Richelieu, et **meurt** presque aussitôt. N'ayant pas renié sa vie de comédien devant un prêtre, il n'avait, selon la tradition, pas le droit d'être enseveli en terre chrétienne : après intervention du roi auprès de l'archevêque, on l'enterre sans grande cérémonie à 9 heures du soir au cimetière Saint-Joseph.

Molière avait seize ans de moins que Corneille, neuf ans de moins que La Rochefoucauld, un an de moins que La Fontaine.

Il avait un an de plus que Pascal, quatre ans de plus que Mme de Sévigné, cinq ans de plus que Bossuet, quatorze ans de plus que Boileau, dix-sept ans de plus que Racine.

MOLIÈRE ET SON TEMPS

	vie et œuvre de Molière	le mouvement intellectuel et artistique	les événements politiques
1622	Baptême à Paris de J.-B. Poquelin (15 janvier).	Succès dramatiques d'Alarcon, de Tirso de Molina en Espagne.	Paix de Montpellier, mettant fin à la guerre de religion en Béarn.
1639	Quitte le collège de Clermont où il a fait ses études.	Maynard : Odes. Tragi-comédies de Boisrobert et de Scudéry. Naissance de Racine.	La guerre contre l'Espagne et les Impériaux, commencée en 1635, se poursuit.
1642	Obtient sa licence en droit.	Corneille : la Mort de Pompée (décembre). Du Ryer : Esther.	Prise de Perpignan. Mort de Richelieu (4 décembre).
1643	Constitue la troupe de l'Illustre-Théâtre avec Madeleine Béjart.	Corneille : le Menteur. Ouverture des petites écoles de Port-Royal-des-Champs. Arrivée à Paris de Lully.	Mort de Louis XIII (14 mai). Victoire de Rocroi (19 mai). Défaite française en Aragon.
1645	Faillite de l'Illustre-Théâtre.	Rotrou : Saint Genest. Corneille : Théodore, vierge et martyre.	Victoire française de Nördlingen sur les Impériaux (3 août).
1646	Reprend place avec Madeleine Béjart dans une troupe protégée par le duc d'Épernon. Va en province.	Cyrano de Bergerac : le Pédant joué. Saint-Amant : Poésies.	Prise de Dunkerque.
1650	Prend la direction de la troupe, qui sera protégée à partir de 1653 par le prince de Conti.	Saint-Évremond : la comédie des Académistes. Mort de Descartes.	Troubles de la Fronde : victoire provisoire de Mazarin sur Condé et les princes.
1655	Représentation à Lyon de l'Étourdi.	Pascal se retire à Port-Royal-des-Champs (janvier). Racine entre à l'école des Granges de Port-Royal.	Négociations avec Cromwell pour obtenir l'alliance anglaise contre l'Espagne.
1658	Arrive à Paris avec sa troupe, qui devient la « troupe de Monsieur » et occupe la salle du Petit-Bourbon.	Dorimond : le Festin de pierre.	Victoire des Dunes sur les Espagnols. Mort d'Olivier Cromwell.
1659	Représentation triomphale des Précieuses ridicules.	Villiers : le Festin de pierre. Retour de Corneille au théâtre avec Œdipe.	Paix des Pyrénées : l'Espagne cède l'Artois et le Roussillon à la France.
1660	Sganarelle ou le Cocu imaginaire.	Quinault : Stratonice (tragédie). Bossuet prêche le carême aux Minimes.	Mariage de Louis XIV et de Marie-Thérèse. Restauration des Stuarts.
1661	S'installe au Palais-Royal. Dom Garcie de Navarre. L'École des maris. Les Fâcheux.	La Fontaine : Élégie aux nymphes de Vaux.	Mort de Mazarin (8 mars). Arrestation de Fouquet (5 septembre).

1662	Se marie avec Armande Béjart. L'Ecole des femmes.	Corneille : Sertorius. La Rochefoucauld : Mémoires. Mort de Pascal (19 août). Fondation de la manufacture des Gobelins.	Michel Le Tellier, Colbert et Hugues de Lionne deviennent ministres de Louis XIV.
1663	Querelle de l'Ecole des femmes. La Critique de « l'Ecole des femmes ».	Corneille : Sophonisbe. Racine : ode Sur la convalescence du Roi.	Invasion de l'Autriche par les Turcs.
1664	Le Mariage forcé. Interdiction du premier Tartuffe.	Racine : la Thébaïde ou les Frères ennemis.	Condamnation de Fouquet, après un procès de quatre ans.
1665	Dom Juan. L'Amour médecin.	La Fontaine : Contes et Nouvelles. Mort du peintre N. Poussin.	Peste de Londres.
1666	Le Misanthrope. Le Médecin malgré lui.	Boileau : Satires (I à VI). Furetière : le Roman bourgeois. Fondation de l'Académie des sciences.	Alliance franco-hollandaise contre l'Angleterre. Mort d'Anne d'Autriche. Incendie de Londres.
1667	Mélicerte. La Pastorale comique. Le Sicilien. Interdiction de la deuxième version du Tartuffe : l'Imposteur.	Corneille : Attila. Racine : Andromaque. Milton : le Paradis perdu. Naissance de Swift.	Conquête de la Flandre par les troupes françaises (guerre de Dévolution).
1668	Amphitryon. George Dandin. L'Avare.	La Fontaine : Fables (livres I à VI). Racine : les Plaideurs. Mort du peintre Nicolas Mignard.	Fin de la guerre de Dévolution : traités de Saint-Germain et d'Aix-la-Chapelle. Annexion de la Flandre.
1669	Représentation du Tartuffe. Monsieur de Pourceaugnac.	Racine : Britannicus. Th. Corneille : la Mort d'Annibal. Bossuet : Oraison funèbre d'Henriette de France.	Mort de Madame. Les états de Hollande nomment Guillaume d'Orange capitaine général.
1670	Les Amants magnifiques. Le Bourgeois gentilhomme.	Racine : Bérénice. Corneille : Tite et Bérénice. Edition des Pensées de Pascal. Mariotte découvre la loi des gaz.	Louis XIV prépare la guerre contre la Hollande.
1671	Psyché. Les Fourberies de Scapin. La Comtesse d'Escarbagnas.	Débuts de la correspondance de Mme de Sévigné avec Mme de Grignan.	Déclaration de guerre à la Hollande. Passage du Rhin (juin).
1672	Les Femmes savantes. Mort de Madeleine Béjart.	Racine : Bajazet. Th. Corneille : Ariane. P. Corneille : Pulchérie.	Déclaration de guerre à la Hollande. Passage du Rhin (juin).
1673	Le Malade imaginaire. Mort de Molière (17 février).	Racine : Mithridate. Séjour de Leibniz à Paris. Premier grand opéra de Lully : Cadmus et Hermione.	Conquête de la Hollande. Prise de Maestricht (29 juin).

BIBLIOGRAPHIE SOMMAIRE

OUVRAGES GÉNÉRAUX SUR MOLIÈRE :

Gustave Michaut   *la Jeunesse de Molière* (Paris, Hachette, 1922). — *Les Débuts de Molière à Paris* (Paris, Hachette, 1923). — *Les Luttes de Molière* (Paris, Hachette, 1925).

Ramon Fernandez   *la Vie de Molière* (Paris, Gallimard, 1930).

Daniel Mornet   *Molière, l'homme et l'œuvre* (Paris, Boivin, 1943).

René Bray   *Molière, homme de théâtre* (Paris, Mercure de France, 1954).

Antoine Adam   *Histoire de la littérature française au XVIIe siècle*, tome III (Paris, Domat, 1952).

Alfred Simon   *Molière par lui-même* (Paris, Éd. du Seuil, 1957).

SUR L'AVARE :

Charles Dullin   *l'Avare* (Paris, Coll. « Mise en scène », Éd. du Seuil, 1946).

SUR LA LANGUE DE MOLIÈRE :

Jean-Pol Caput   *la Langue française, histoire d'une institution*, Tome I (842-1715) [Paris, Larousse, 1972].

Jean Dubois, René Lagane et A. Lerond   *Dictionnaire du français classique* (Paris, Larousse, 1971).

Vaugelas   *Remarques sur la langue française* (Paris, Larousse, Nouveaux Classiques, 1969).

L'AVARE

1668

NOTICE

CE QUI SE PASSAIT EN 1668

■ **EN POLITIQUE.** En France : *Louvois, secrétaire d'État à la Guerre. Après la brillante campagne de Flandre (1667), conclusion d'un traité très favorable avec l'empereur Léopold, beau-frère de Louis XIV (19 janvier 1668). Les succès français entraînent la signature de la Triple-Alliance entre l'Angleterre, la Suède et la Hollande (23 janvier). Conquête de la Franche-Comté par Condé (février). Signature, à Saint-Germain, le 15 avril, et à Aix-la-Chapelle, le 2 mai, de la paix qui met fin à la guerre de Dévolution. Louis XIV abandonne la Franche-Comté, mais garde la Flandre. « Paix de l'Église » entre le pape et les jansénistes.*

A l'étranger : Alphonse VI écarté du trône de Portugal; régence de son frère Pierre; traité de paix hispano-portugais. Abdication de Jean-Casimir de Pologne, qui se réfugie en France (abbé de Saint-Germain-des-Prés); répression d'une révolte en Ukraine par le tsar Alexis. Établissement français aux Indes, à Surate. Les Espagnols occupent les îles Mariannes dans le Pacifique.

■ **EN LITTÉRATURE :** *Fondation de l'académie de France à Rome. La Fontaine publie le premier recueil des Fables (I-VI). Racine fait jouer les Plaideurs (novembre) et prépare Britannicus. Corneille garde le silence entre Agésilas et Tite et Bérénice. Boileau publiera en 1669 les premières Épîtres, Bossuet écrit son Exposition de la foi. En Angleterre, Dryden vient de publier son Essai sur la poésie dramatique. Naissance de J.-B. Vico, créateur de la philosophie de l'histoire.*

■ **DANS LES SCIENCES ET DANS LES ARTS :** *Mort du peintre Nicolas Mignard. Naissance du musicien Couperin et du médecin hollandais Boerhaave.*

CIRCONSTANCES ET DATE DE LA REPRÉSENTATION

L'année 1668 fut, dans la carrière de Molière, une année de dur travail. Le 13 janvier, *Amphitryon* avait été créé au théâtre du Palais-Royal, et le succès de cette pièce se maintint pendant toute la première partie de l'année. Molière travaillait sans doute dès ce moment à *l'Avare*, mais il dut s'interrompre pour satisfaire au désir de

Louis XIV, qui voulait célébrer par de fastueux divertissements le traité d'Aix-la-Chapelle, conclusion heureuse de la guerre de Dévolution. C'est pour ces fêtes de Versailles que Molière écrivit *George Dandin*, représenté probablement le 18 juillet devant le roi. Puisqu'il ne pouvait être question de reprendre *Tartuffe*, interdit pour la seconde fois en 1667, Molière dut se hâter de terminer *l'Avare* pour pouvoir offrir au public une pièce nouvelle au début de la saison théâtrale, qui commençait en automne. Il est possible que l'obligation d'aller vite en besogne ait déterminé Molière à écrire sa pièce en prose plutôt qu'en vers.

La première représentation eut lieu le dimanche 9 septembre 1668, au théâtre du Palais-Royal. Molière tenait le rôle d'Harpagon; Louis Béjart était La Flèche, dont il est dit (acte premier, scène III) qu'il est « boiteux », comme l'était l'acteur lui-même. On est moins sûr des autres interprètes : il est probable que la femme de Molière jouait Elise, que La Grange faisait Cléante, que Mlle de Brie était Mariane et qu'Hubert était maître Jacques.

D'après le registre de La Grange, la recette du 9 septembre se monta à 1 069 livres, ce qui était un succès fort honorable; mais aux représentations suivantes le public vint moins nombreux, et, après une série de neuf représentations, s'échelonnant jusqu'au 7 octobre, Molière retira provisoirement la pièce de l'affiche. Ce demi-échec s'explique mal : on ne peut croire que le public, qui avait applaudi les *Précieuses ridicules* et *Dom Juan*, ait mésestimé la comédie sous prétexte qu'elle était en prose et non en vers. L'intrigue parut-elle mal construite? Certains effets comiques furent-ils considérés comme marqués d'une outrance contraire au bon goût? C'est possible, puisque, dans sa gazette en vers, Robinet, qui a lui-même trouvé le spectacle divertissant, remarque que la pièce a recueilli surtout les suffrages des gens « de l'esprit plus bizarre », toujours curieux des œuvres qui sortent du commun.

L'Avare, donné deux fois devant la cour à Saint-Germain-en-Laye en novembre 1668 et en août 1669, fut repris onze fois en 1669, six fois en 1670, six fois en 1671 et huit fois en 1672. Ce nombre honorable de représentations, dont les recettes allèrent en croissant, montrent que du vivant de Molière la pièce remonta un peu dans l'estime du public. Par la suite, le succès de *l'Avare* ne fit que s'affirmer : la Comédie-Française en a donné 2153 représentations de 1680 à 1967, à peu près à égalité avec *le Médecin malgré lui*; de toutes les comédies de Molière, seul *le Tartuffe* a été joué un plus grand nombre de fois. Tous les grands comédiens se sont essayés au rôle d'Harpagon; les créations qu'en ont faites au XXe siècle Charles Dullin et Jean Vilar sont particulièrement intéressantes.

Dès 1672, il y eut en Angleterre une adaptation assez libre de *l'Avare*, par Shadwell, sous le titre de *The Miser*. Plus fidèle est la traduction de Fielding, jouée à Londres en 1733.

ANALYSE DE LA PIÈCE
(Les scènes principales sont indiquées entre parenthèses.)

■ *ACTE PREMIER*. **Trois projets de mariage.**

L'action se passe à Paris, chez Harpagon, riche bourgeois veuf et père de deux enfants, Cléante et Élise. Élise est secrètement fiancée à Valère, gentilhomme napolitain qui lui a sauvé la vie et qui s'est introduit chez Harpagon en qualité d'intendant; de son côté, Cléante voudrait épouser une jeune fille sans fortune, Mariane, dont il est épris. Le frère et la sœur craignent que leurs projets de mariage ne se heurtent à l'opposition irréductible d'Harpagon, dont ils déplorent la tyrannie et l'avarice. Harpagon lui-même est rongé d'inquiétude : il a enterré dans son jardin une somme de dix mille écus d'or et il redoute d'être volé. Obsédé par cette crainte, il chasse brutalement, après l'avoir interrogé et fouillé, La Flèche, le valet de Cléante (scène III). Rencontrant ensuite ses enfants, il leur apprend qu'il a l'intention d'épouser Mariane, de marier Élise avec un vieillard de ses amis, Anselme, et de donner pour femme à Cléante, « une certaine veuve » (scène IV). Comme Élise repousse énergiquement le parti que son père a choisi pour elle, Harpagon demande à Valère d'intervenir pour la convaincre, ce qui met l'intendant dans un plaisant embarras.

■ *ACTE II*. **Les bonnes affaires d'Harpagon.**

Cléante, qui cherche à emprunter quinze mille francs, apprend que son prêteur réclame un taux exorbitant et prétend inclure dans le montant du prêt un amas de vieilleries hétéroclites évaluées à un prix déraisonnable (scène première). Tandis qu'il s'indigne contre ces conditions draconiennes, Cléante découvre que l'usurier avec qui il songe à entrer en affaires n'est autre qu'Harpagon. Le père et le fils s'adressent mutuellement de violents reproches (scène II). Frosine, entremetteuse qu'Harpagon a chargée de négocier son mariage avec Mariane, l'informe que la mère de la jeune fille donne son consentement, et elle lui fait croire que Mariane a une prédilection pour les vieillards. Pourtant l'absence de dot tourmente Harpagon. Frosine essaie de lui démontrer que les habitudes d'économie d'une jeune fille pauvre constituent le plus avantageux des apports, mais Harpagon ne se laisse pas convaincre, et il reste sourd aux sollicitations de Frosine qui lui demande un peu d'argent (scène V).

■ *ACTE III*. **La réception de Mariane.**

Harpagon, qui doit offrir un dîner à Mariane, multiplie les recommandations à ses domestiques pour réduire le plus possible la dépense, et Valère se joint à lui pour prêcher l'économie au cocher-cuisinier, maître Jacques (scène première). Celui-ci se querelle avec l'intendant, reçoit des coups de bâton et jure de se venger. Cependant, conduite par Frosine, Mariane arrive, toute tremblante.

L'aspect d'Harpagon la rebute, et son trouble augmente quand arrive Cléante, en qui elle reconnaît le jeune homme qui lui a fait la cour. Les deux amoureux se font comprendre l'un à l'autre leurs véritables sentiments, en usant d'un langage à double sens, dont Harpagon ne saisit pas la vraie signification. Mais il a peine à contenir sa fureur lorsque Cléante lui ôte une bague de diamant pour l'offrir en son nom à Mariane (scène VII). On annonce alors la visite d'une personne que l'avare s'empresse d'aller recevoir, car elle lui apporte de l'argent.

■ *ACTE IV.* **Rupture entre père et fils.**

Au moment où Frosine explique à Cléante et à Mariane un stratagème qu'elle a imaginé pour décider Harpagon à renoncer à son projet de mariage, l'avare survient brusquement et surprend son fils en train de baiser la main de Mariane. Soupçonnant une intrigue, il feint d'avoir renoncé à la jeune fille pour inciter Cléante à lui confier ses véritables sentiments. Le jeune homme tombe dans le piège et avoue à son père qu'il est amoureux de Mariane et lui a fait la cour. Harpagon furieux menace de frapper son fils (scène III). Maître Jacques intervient et réconcilie Harpagon et Cléante en prenant à part chacun d'eux pour lui faire croire que l'autre renonce à Mariane (scène IV). Après son départ, le malentendu se révèle, et la querelle reprend avec plus de violence entre Cléante et Harpagon, qui finalement chasse son fils après l'avoir déshérité et maudit (scène V). On voit alors paraître La Flèche portant la cassette d'Harpagon, qu'il a dérobée. L'avare s'est aperçu du vol; affolé, désolé, furieux, assoiffé de vengeance, il exprime dans un monologue comique les sentiments qui le bouleversent (scène VII).

■ *ACTE V.* **Chacun retrouve son bien.**

Un commissaire de police, convoqué par Harpagon, interroge maître Jacques, qui, pour se venger de Valère, l'accuse d'avoir dérobé la cassette et laisse croire qu'il a des preuves irréfutables du vol (scène II). L'intendant arrive, et l'avare le presse d'avouer son crime. Valère croit qu'il s'agit de ses fiançailles secrètes avec Élise; il proteste de l'honnêteté de ses intentions, et le quiproquo se prolonge pendant toute la scène (scène III). Quand enfin la vérité se fait jour, Harpagon, au comble de la fureur, menace d'enfermer sa fille et de faire pendre l'intendant. L'arrivée du seigneur Anselme provoque alors une explication générale. Pour se disculper, Valère dévoile son identité et raconte son histoire. On découvre ainsi qu'il est le fils d'Anselme, lequel est aussi le père de Mariane. Seize ans plus tôt, un naufrage avait dispersé les membres de cette famille de l'aristocratie napolitaine. Grâce à cette reconnaissance romanesque, tout s'arrange. Un double mariage unira Valère à Élise et Cléante à Mariane; Anselme pourvoira aux besoins des deux ménages et paiera tous les frais; Harpagon retrouvera sa « chère cassette ».

LE SUJET DE « L'AVARE »

Molière, qui s'était directement inspiré de Plaute pour écrire *Amphitryon*, conçut sans doute *l'Avare* en relisant par la même occasion une autre comédie de l'auteur latin, l'*Aulularia* (comédie de la petite marmite). En voici le sujet : un pauvre diable, Euclion, a découvert dans sa cheminée une marmite pleine d'or qu'y avait déposée secrètement son grand-père, et depuis ce jour il vit dans la crainte d'être volé. Il soupçonne sa vieille servante Staphyla de l'épier pour s'emparer du trésor; il accueille avec méfiance son riche voisin Mégadore, qui vient lui demander la main de sa fille Phaedra. Pourtant il finit par consentir au mariage, mais en stipulant que Mégadore épousera Phaedra *sans dot* et qu'il paiera seul tous les frais de la cérémonie. Euclion ne se doute pas que la jeune fille aime son cousin Lyconide, qui s'apprête à l'enlever. Des cuisiniers arrivent pour préparer le festin du mariage, mais Euclion, les entendant parler de marmite, croit qu'il s'agit de son trésor et il lès chasse à coups de bâton. Pour mettre son or en lieu sûr, il le transporte dans le temple de la Bonne Foi; or, il a été surpris par Strobile, l'esclave de Lyconide. Mais Strobile n'a pas le temps de dérober la précieuse marmite : Euclion, reparaissant tout à coup, soupçonne l'esclave, qu'il fouille consciencieusement, mais sans résultat évidemment. Euclion transporte alors son trésor dans le bois du dieu Silvain; cette fois, Strobile, qui a continué sa surveillance, réussit à s'emparer de l'or. En découvrant le vol, Euclion se lamente dans un monologue désespéré. Puis, comme Lyconide vient à passer, il le soupçonne et le presse de questions; le jeune homme s'imagine que son intrigue avec Phaedra a été découverte, et ses efforts pour se justifier provoquent un quiproquo comique, Euclion rapportant au trésor tout ce que le jeune homme lui dit au sujet de sa fille. Averti ensuite par Strobile de ce qui s'est passé, Lyconide veut rendre la précieuse marmite à Euclion. Là s'arrête la comédie de Plaute, dont le texte est incomplet. Dans le dénouement ajouté au XVᵉ siècle par l'érudit Urceus Codrus, Lyconide épouse Phaedra après avoir rendu le trésor à Euclion.

Les emprunts de Molière à l'*Aulularia* sont évidemment nombreux : la méfiance d'Harpagon à l'égard de La Flèche (acte premier, scène III) se manifeste exactement de la même façon que celle d'Euclion à l'égard de Strobile. L'idée du *sans dot* (acte premier, scène V) vient aussi de Plaute, tout comme celle de la collation offerte à Mariane (acte III) s'inspire du festin prévu dans l'*Aulularia*. Valère tient dans la pièce de Molière à peu près la même place que Lyconide, surtout dans la scène du quiproquo, où il parle de son amour tandis que l'avare imagine qu'il s'agit de sa cassette (acte III, scène III); car le vol du trésor se trouve aussi chez le comique latin, ainsi que le monologue de l' « avare volé ». Dans ce dernier morceau, Molière semble toutefois avoir aussi quelque dette à l'égard d'une comédie de Larivey, intitulée *les Esprits* (1579) et imitée elle-même, du moins pour ce passage, de l'*Aulularia* de Plaute[1].

D'autres pièces encore ont fourni à Molière des éléments de son *Avare*. Dans *la Belle Plaideuse* (1655) de Boisrobert (1592-1662), un jeune homme, obligé, comme Cléante, d'emprunter de l'argent, se voit proposer par le prêteur des conditions exorbitantes et reconnaît finalement son propre père dans l'usurier qui l'exploite[2]. Enfin, dans une comédie italienne de l'Arioste, *I Suppositi (les Supposés)*, comme d'ailleurs dans plusieurs canevas de la *commedia dell'arte*, on trouve une jeune fille de riche bourgeoisie amoureuse d'un jeune homme pauvre entré comme valet au service de son père (rôle de Valère) et jalousé par un autre domestique de la maison. Au dénouement, le jeune homme retrouve son père, homme de bonne condition, et peut épouser celle qu'il aime.

Riccoboni, dans ses *Observations sur la comédie et le génie de Molière* (1736), cite encore d'autres sources et en conclut qu' « on ne trouvera pas dans toute la comédie de *l'Avare* quatre scènes qui soient inventées par Molière »; et beaucoup de critiques, sans aller jusqu'à nier l'originalité de l'œuvre, ont trouvé que ces inspirations si diverses créaient l'impression d'un ensemble composite et un peu décousu, dont les éléments se liaient mal entre eux. Aurait-on cette impression si l'on ignorait les sources où Molière a puisé? En fait, celui-ci n'a demandé à ses prédécesseurs qu'un certain nombre de situations comiques, et encore certaines d'entre elles sont tellement traditionnelles qu'on ne peut parler d'imitation. Il lui restait à intégrer ces situations dans l'action de sa comédie et à les adapter au caractère de ses personnages, et il y a parfaitement réussi.

L'ACTION DANS « L'AVARE »

L'Aulularia suggérait à Molière le cadre traditionnel d'une action comique : un père accepte pour sa fille un mariage mal assorti, sans tenir compte de ses sentiments. Molière crée une situation double en donnant aussi à son avare un fils, menacé également d'être marié contre son gré, et il imagine enfin qu'Harpagon songe à se remarier, justement avec cette Mariane dont son fils est tombé amoureux. Ce point de départ compliqué nécessite une exposition assez longue, assez pesante, qui occupe à peu près tout l'acte premier, à l'exception de l'intermède de la scène III entre Harpagon et La Flèche : mais cette scène amorce elle-même le vol de la cassette. Trois problèmes semblent donc solliciter le spectateur : Élise épousera-t-elle Valère ? Est-ce Cléante ou Harpagon qui obtiendra la main de Mariane ? Le trésor de l'avare sera-t-il dérobé ? En fait, cette dispersion de l'action n'est qu'apparente; car le sort d'Élise passe très vite au second plan. La jeune fille ne rend d'ailleurs pas à son frère la confidence que celui-ci lui fait de son amour

1. Voir la Documentation thématique; 2. Voir « Nouveaux Classiques Larousse », *la Comédie au XVIIᵉ siècle avant Molière*, tome II, pages 86-117.

pour Mariane (acte premier, scène II); aucune manœuvre commune n'est ourdie entre le couple Élise-Valère et le couple Cléante-Mariane. Après avoir opposé à son père un refus plein de fermeté (acte premier, scène IV) et avoir ébauché avec Valère un plan de résistance (acte premier, scène V), Élise n'entendra plus son père lui parler de son mariage avec le seigneur Anselme jusqu'à l'arrivée de celui-ci, à la scène V de l'acte V; mais alors tout s'arrangera rapidement dans la reconnaissance générale.

Ce qui est le véritable ressort de l'action, c'est la lutte entre le père et le fils. Les péripéties de cette querelle jalonnent les trois actes qui sont au centre de la comédie : déjà abasourdi d'apprendre que son père songe à épouser Mariane (acte premier, scène IV), Cléante est outré de découvrir en son père l'usurier qui le gruge (acte II, scènes I et II); il se venge en déclarant (acte III, scène VII) son amour à Mariane sous le nez de son père, en offrant à la jeune fille une riche collation aux frais d'Harpagon et en lui passant au doigt la bague précieuse qu'il vient d'ôter au vieillard. Mais, à l'acte IV, Cléante, inquiet de ne trouver auprès de Frosine et de Mariane elle-même qu'une aide un peu illusoire (scène première), se fait duper par Harpagon; celui-ci lui extorque son secret (scène III). L'hostilité entre père et fils confine alors à la haine (scène V). Comment s'étonner que Cléante devienne sans hésiter (scène VI) le complice de La Flèche, qui, en volant la cassette, a mis à exécution le projet ébauché à l'acte premier ? Cléante possède enfin le moyen de chantage qui contraint Harpagon à choisir entre son amour et son avarice (acte V, scène VI). Ce vol de la cassette, en faisant peser d'injustes soupçons sur Valère, a permis accessoirement à Harpagon de découvrir l'intrigue entre son intendant et sa fille (acte V, scène III) : de ce côté aussi, la situation demande donc une solution.

Il y a donc dans *l'Avare* une intrigue cohérente, dont la progression aboutit à un dénouement logique : comment Harpagon préférerait-il Mariane à sa cassette ? On pourrait même imaginer un Cléante triomphant et exigeant de son père qu'il accorde à Valère la main d'Élise, s'il veut rentrer en possession de son trésor. Pourquoi Molière a-t-il alors fait intervenir un dénouement romanesque, qui enlève à Cléante une part de sa victoire ? Car il est bien évident que tout va s'arranger dès le moment où Anselme reconnaît ses propres enfants dans Valère et Mariane. Cette conclusion, farcie d'aventures invraisemblables, ne déplaisait sans doute pas aux spectateurs du XVIIe siècle, son caractère artificiel n'est critiqué qu'à partir du XVIIIe siècle. Un tel dénouement, que Molière avait déjà utilisé dans *l'École des femmes*, reste dans la tradition de la comédie latine et de la comédie italienne. Dans l'allégresse générale qui est de règle à la fin d'une comédie, chacun trouve le bonheur auquel il a droit, y compris Harpagon, qui recouvre sa chère cassette.

LES CARACTÈRES DANS « L'AVARE »

L'intrigue de *l'Avare* est donc solidement construite; il n'en est pas moins vrai qu'elle a été d'abord conçue pour mettre en relief le personnage d'Harpagon. Sur ce point aussi, la création de Molière a été discutée. **Harpagon** reste l'avare traditionnel : comme l'Euclion de Plaute, et comme l'avare de la fable (cf. La Fontaine, IV, 20, *L'Avare qui a perdu son trésor*), il enfouit son or et tremble qu'on ne vienne le lui dérober. Mais, en même temps, il s'adonne à l'usure : malgré sa prudence, il prend donc des risques pour accroître sa fortune[1]. Enfin, Harpagon est amoureux, ce qui semble mal s'accorder avec la méfiance et l'égoïsme propres à l'avarice. Ces trois aspects d'Harpagon sont-ils compatibles ? Si Molière s'était contenté de juxtaposer en un seul personnage trois types conventionnels de la comédie, le thésauriseur, l'usurier et le vieillard amoureux, son Harpagon aurait manqué de cohérence. Mais son invention est infiniment plus habile. L'obsession de l'or reste aux yeux de Molière le trait fondamental de l'avarice, et le désespoir d'Harpagon privé de sa cassette confine à la folie. Mais il fallait donner à cet avare type son actualité. C'est pourquoi Molière en fait un bourgeois parisien, soucieux de mener un train de vie conforme à sa condition : il a domestiques et carrosse, porte diamant au doigt et se préoccupe du qu'en-dira-t-on; il prétend se conduire selon ce bon sens, qui est une qualité essentielle de l'esprit bourgeois, et prend à témoin Valère (acte I, scène V), puis maître Jacques (acte IV, scène IV) de l'extravagance où sont tombés sa fille et son fils. Père de famille, il se donne bonne conscience en imposant à ses enfants de riches mariages : n'est-ce pas plus raisonnable que de voir l'un épouser une pauvre orpheline et l'autre un modeste intendant ? Quant aux qualités d'économie, qui font aussi partie des vertus traditionnelles de la bourgeoisie, il croit bien les conserver face aux prodigalités de Cléante. Aussi le ridicule du personnage éclate-t-il surtout à l'acte III, quand Harpagon veut offrir à sa « fiancée » une réception qui soit conforme aux convenances, à condition que cela ne coûte guère. D'ailleurs, s'il veut se remarier, ce n'est ni par passion ni par caprice de vieillard, mais bien plutôt parce qu'il ne messied pas à un bourgeois de son âge de se montrer au bras d'une jeune femme; mais faudrait-il aussi que ce fût une bonne affaire. Sa colère, quand il découvre en Cléante son rival, est moins celle d'un jaloux que celle d'un père autoritaire qui se voit bravé par son fils. On a reproché à Molière de n'avoir ouvert aucune perspective sur le passé d'Harpagon, sur ses activités professionnelles. Mais que

---

1. Molière a d'ailleurs résolu cette contradiction apparente en imaginant qu'Harpagon (voir acte I, scène IV) n'a pas eu le temps de « placer » dix mille écus qu'on lui a rendus la veille; il les a donc provisoirement enterrés dans son jardin. Cet artifice permet de prêter à Harpagon, en une même journée, la rapacité de l'usurier et les angoisses du thésauriseur.

sait-on de la profession d'Arnolphe, de Chrysale ou d'Orgon? Molière reste aussi discret sur Harpagon; on sait seulement qu'il expédie des « dépêches » (acte II, scène V), ce qui semble prouver qu'il s'occupe d'affaires importantes, sans autre précision. En tout cas, Harpagon n'est pas un usurier de profession : l'usure n'est, pour lui, qu'une activité « parallèle », clandestine, une manière de s'adonner en cachette à son vice et d'exercer sa rapacité. Harpagon ne manque donc pas de vérité psychologique. On a parfois supposé que Molière avait pu s'inspirer de quelque modèle vivant, soit du lieutenant criminel Tardieu, célèbre pour sa ladrerie, assassiné par des voleurs en 1665, soit de son propre père Jean Poquelin. Mais il n'est pas besoin de chercher une clef au personnage d'Harpagon. La vérité du personnage vient d'ailleurs : Molière a accumulé sur Harpagon tous les traits de l'avarice, pour en faire un personnage type; en même temps, il lui a donné une réalité bien vivante : en effet, Harpagon veut tenir sa place dans la vie sociale; mais inconscient de son avarice, il ne peut plus être qu'une affreuse caricature de père, d'amoureux, de maître de maison. Certaines remontrances qu'il fait à son fils pourraient être raisonnables de la part d'un autre père; elles deviennent bouffonnes venant de lui, et ses colères font rire. S'il est un amoureux grotesque, c'est qu'il a perdu le sens au point de croire qu'une jeune femme, même si elle est résignée à faire un mariage de raison, puisse être attirée par un vieillard sale et sordide. La démence qui s'empare de lui après le vol de sa cassette révèle qu'il est complètement détraqué par son vice.

En face d'un personnage si puissamment conçu, les autres ont moins de relief. Les deux couples d'amoureux, **Valère-Élise** et **Cléante-Mariane**, sont bien décidés à triompher d'Harpagon; aucun doute à avoir sur la sincérité de leurs sentiments, dont ils s'entretiennent en termes délicats. Mais aucun trait bien net ne les caractérise. Élise semble raisonnable et douce, mais on comprend qu'elle tienne énergiquement tête à un père tel qu'Harpagon. Valère, gentilhomme déguisé par amour en intendant, joue fort bien son rôle de flatteur, mais on n'en saurait évidemment conclure qu'il est enclin à l'hypocrisie. Quant à la révolte de Cléante, elle est, on l'a vu, au centre de l'action; ici encore, c'est l'influence d'Harpagon qui détermine le personnage, beaucoup plus que son propre caractère. Chez Mariane, jeune fille raisonnable elle aussi, l'amour est plus indécis et timide. Tendrement dévouée à sa mère et capable d'accepter pour lui complaire un mariage contraire à ses propres inclinations, elle démontre ainsi indirectement que l'égoïsme d'Harpagon est bien la seule cause de l'antipathie témoignée par Élise et par Cléante à leur père.

Parmi les autres personnages, **La Flèche**, héritier du rôle de Strobile dans la comédie de Plaute, n'est qu'un valet impertinent et sans scrupule, d'un type très traditionnel. Rien de bien original non plus dans **Frosine,** entremetteuse cupide et sûre de ses talents, mais capable de s'attendrir sur le sort des jeunes amoureux en détresse; sa présence chez Harpagon, comme celle de maître Simon, révèle les compromissions de l'avare avec les milieux les plus louches. **Maître Jacques** est de beaucoup le plus intéressant des personnages secondaires. Le cocher-cuisinier d'Harpagon a son franc-parler, sans être pour cela très courageux sous la menace des coups de bâton : par là il s'apparente à beaucoup d'autres valets de comédie, mais sa conscience professionnelle, également répartie sur ses deux fonctions, et surtout l'affectueuse fidélité qui le lie à un maître pourtant peu généreux contribuent à lui donner une personnalité originale. Si sa querelle avec Valère est un ressort de l'intrigue, elle se justifie aussi sur le plan psychologique : maître Jacques, se laissant prendre aux apparences, soupçonne Valère de favoriser les penchants de son maître à l'avarice. Et il est persuadé qu'Harpagon peut être ramené à la raison : il est sans doute le seul à croire qu'il reste quelque chose d'humain dans l'avare.

LA MORALE DANS « L'AVARE »

Puisque *le Tartuffe* n'a pu pratiquement être représenté avant 1669, *l'Avare* est la première comédie « bourgeoise » où Molière montre les ravages que peut faire dans une famille le vice du maître de maison. S'il n'a plus d'autorité, c'est qu'il ne possède plus les qualités morales nécessaires pour tenir son rang. L'égoïsme l'a rendu inhumain. Au dénouement, il ne se soucie plus guère de son propre mariage, il est débarrassé de ses enfants sans qu'il lui en coûte rien; il restera seul avec sa chère cassette : loin d'avoir tiré la leçon des événements, il reste dominé par son vice incorrigible et inconscient. Selon une anecdote connue, un avare, ayant assisté à la comédie, fut tout heureux d'y trouver d'utiles leçons d'économie : cette histoire, réelle ou imaginée, ne contredit pas les intentions de Molière, qui semble ici comme ailleurs peu optimiste sur la possibilité de corriger certains vices lorsqu'ils ont profondément faussé l'équilibre de la nature humaine.

Faut-il en déduire qu'Harpagon, voué jusqu'à la mort à la solitude, est digne de pitié, donc tragique ? C'est le point de vue de J.-J. Rousseau (voir Jugements), reprochant à Molière d'avoir ridiculisé les liens de famille les plus sacrés. Certes, Cléante n'est pas irréprochable, mais nulle part Molière ne le donne comme exemple; à supposer que certains mauvais penchants se développent en lui, n'est-ce pas la faute de son père ?

Harpagon ne saurait donc être pitoyable, mais il est certainement odieux. La répugnance qu'il fait naître ne sort-elle pas du domaine de la comédie ? Mais le ridicule confine toujours à l'odieux lorsqu'un personnage est poussé à un tel point de laideur morale. La comédie de Molière ne s'interdit pas de provoquer un rire grinçant où s'exprime le dégoût pour un vice monstrueux.

LE COMIQUE ET LE STYLE

La manière caricaturale dont Molière a conçu son Harpagon l'entraîne à multiplier les procédés comiques parfois faciles mais toujours efficaces. Coups de bâton et bouffonneries alternent avec les quiproquos de toute espèce. Les mots de nature, comme le *sans dot* (acte premier, scène V), fixent en termes indélébiles l'image de l'avare. Il n'y a pas de comédie de mœurs où Molière ait poussé si loin la puissance comique. Peut-être même l'accueil peu enthousiaste que reçut la pièce en 1668 s'explique-t-il par la réserve d'un public qui jugeait peu conformes à la bienséance certains traits de farce trop grossiers. Aujourd'hui encore, on trouve exagérée la curiosité d'Harpagon faisant montrer à La Flèche ses « autres » mains (acte premier, scène III) ; Molière a beau modifier ici la réplique de l'*Aulularia*, dont il s'est inspiré, la plaisanterie s'adapte mal au goût du public moderne. Quant au monologue d'Harpagon (acte IV), il vient lui aussi de Plaute ; mais s'il semblait normal au public romain qu'un personnage s'adresse directement aux spectateurs, ce procédé n'appartient plus au XVIIᵉ siècle qu'à la parade du théâtre forain et aux bouffonneries de la *commedia dell'arte*. En outrepassant ici les limites ordinairement permises de son temps, Molière, loin de s'être laissé entraîner par une imitation trop fidèle de son modèle latin, a sans doute voulu accentuer encore le caractère exceptionnel de son personnage. L'avarice fait perdre la raison à Harpagon ; quand on lui a volé son trésor, il devient absolument fou, et, en prononçant son monologue, il sort de l'univers fictif des personnages de théâtre pour prendre contact avec le monde des vivants, où il n'a pourtant pas de place.

Quant au style de *l'Avare*, il a été plus tard critiqué pour ses négligences par les amateurs de beau langage et par Fénelon. Il ne faut cependant pas en conclure que le public de 1668 ait aussi un peu boudé la comédie parce qu'elle était non en vers, mais en prose. Molière avait lui-même déjà usé de cette liberté dans *les Précieuses ridicules* et dans *Dom Juan*. D'autre part, les quelques vers blancs qu'on relève ici, comme dans toutes les comédies en prose de Molière, ne prouvent pas qu'il avait déjà rédigé certaines scènes en alexandrins ; pourquoi ne pas penser plutôt qu'un écrivain habitué à la poésie retrouve parfois spontanément dans sa prose le rythme du vers ? En fait, la prose de *l'Avare* apparaît aujourd'hui comme étonnante de vie et de mouvement ; malgré quelques imperfections, le dialogue garde, surtout dans les scènes où paraît Harpagon, un ton primesautier et spontané. Le langage des jeunes amoureux nous paraît, surtout lorsqu'ils sont entre eux, tantôt plat, tantôt affecté. Mais ce n'était peut-être pas l'impression des spectateurs de 1668. Ils sentaient sans doute mieux que nous l'intention de Molière exprimant l'opposition des générations par la différence du langage. Ce faisant, Molière ne faisait que confirmer son goût pour le style « naturel ».

L'AVARICE
Dessin de Jacques Callot (1592-1635).

HARPAGON ENTRE VALÈRE ET MAÎTRE JACQUES

Acte III, scène première.

Frontispice de l'édition de 1682.

PERSONNAGES

HARPAGON	père de Cléante et d'Élise, et amoureux de Mariane.
CLÉANTE	fils d'Harpagon, amant de Mariane.
ÉLISE	fille d'Harpagon, amante de Valère.
VALÈRE	fils d'Anselme et amant d'Elise.
MARIANE	amante de Cléante et aimée d'Harpagon.
ANSELME	père de Valère et de Mariane.
FROSINE	femme d'intrigue.
MAÎTRE SIMON	courtier.
MAÎTRE JACQUES	cuisinier et cocher d'Harpagon.
LA FLÈCHE	valet de Cléante.
DAME CLAUDE	servante d'Harpagon.
BRINDAVOINE	laquais d'Harpagon.
LA MERLUCHE	laquais d'Harpagon.
LE COMMISSAIRE	et son clerc.

LA SCÈNE EST À PARIS.

La distribution à la première représentation était la suivante : *Harpagon*, Molière ; *La Flèche*, Louis Béjart. On suppose qu'Armande Béjart (Mlle Molière) jouait *Élise*, La Grange, *Cléante*, Mlle de Brie, *Mariane*, et Hubert, *maître Jacques*.

L'AVARE

ACTE PREMIER

SCÈNE PREMIÈRE. — VALÈRE, ÉLISE.

VALÈRE. — Hé quoi? charmante Élise, vous devenez mélancolique[1], après les obligeantes assurances que vous avez eu la bonté de me donner de votre foi? Je vous vois soupirer, hélas! au milieu de ma joie. Est-ce du regret, dites-moi, de m'avoir fait heureux, et vous repentez-vous de cet engagement où[2] mes feux[3] ont pu vous contraindre[4]?

ÉLISE. — Non, Valère, je ne puis me repentir de tout ce que je fais pour vous. Je m'y sens entraîner par une trop douce puissance, et je n'ai pas même la force de souhaiter que les choses ne fussent[5] pas. Mais, à vous dire vrai, le succès[6] me donne de l'inquiétude, et je crains fort de vous aimer un peu plus que je ne devrais. (1)

VALÈRE. — Hé! que pouvez-vous craindre, Élise, dans les bontés que vous avez pour moi?

ÉLISE. — Hélas! cent choses à la fois : l'emportement d'un père, les reproches d'une famille, les censures du monde; mais plus que tout, Valère, le changement de votre cœur, et cette froideur criminelle dont ceux de votre sexe payent

_____

1. *Mélancolique :* d'humeur sombre et chagrine; 2. On dirait aujourd'hui *auquel*, mais la syntaxe du XVIIᵉ siècle admet l'emploi de *où* même après un nom de personne; 3. *Mes feux :* mon amour. Métaphore que la mode de la préciosité avait contribué à répandre; 4. Une promesse mutuelle de mariage a été signée la veille par les deux jeunes gens, comme on l'apprendra seulement à l'acte V, scène III; 5. L'imparfait du subjonctif s'explique par l'idée de conditionnel (je ne *pourrais* même pas souhaiter) impliqué dans la proposition principale; 6. *Le succès :* l'issue, le résultat (favorable ou non).

_____

QUESTIONS

1. Sur quel ton commence la comédie? Dans quel genre d'intrigue semble-t-on s'engager?

le plus souvent les témoignages trop ardents d'une inno-
cente amour[1].

VALÈRE. — Ah! ne me faites pas ce tort de juger de moi
par les autres. Soupçonnez-moi de tout, Élise, plutôt que de
manquer[2] à ce que je vous dois. Je vous aime trop pour
cela, et mon amour pour vous durera autant que ma vie.

ÉLISE. — Ah! Valère, chacun tient les mêmes discours.
Tous les hommes sont semblables par les paroles, et ce n'est
que les actions qui les découvrent différents. (2)

VALÈRE. — Puisque les seules actions font connaître ce
que nous sommes, attendez donc au moins à[3] juger de mon
cœur par elles, et ne me cherchez point des crimes[4] dans les
injustes craintes d'une fâcheuse prévoyance. Ne m'assassinez
point[5], je vous prie, par les sensibles coups d'un soupçon
outrageux, et donnez-moi le temps de vous convaincre, par
mille et mille preuves, de l'honnêteté de mes feux.

ÉLISE. — Hélas! qu'avec facilité on se laisse persuader
par les personnes que l'on aime! Oui, Valère, je tiens votre
cœur incapable de m'abuser. Je crois que vous m'aimez
d'un véritable amour, et que vous me serez fidèle; je n'en
veux point du tout douter, et je retranche mon chagrin[6] aux
appréhensions du blâme qu'on pourra me donner.

VALÈRE. — Mais pourquoi cette inquiétude?

ÉLISE. — Je n'aurais rien à craindre si tout le monde vous
voyait des yeux dont[7] je vous vois, et je trouve en votre personne de quoi avoir raison aux[8] choses que je fais pour vous.
Mon cœur, pour sa défense, a tout votre mérite, appuyé du
secours d'une reconnaissance où le ciel m'engage envers vous.

---

1. Toujours féminin jusqu'au XVIe siècle, *amour* est employé au XVIIe siècle
avec l'un ou l'autre genre; 2. Construction elliptique : plutôt que de me soupçonner
de manquer...; 3. *Attendre à :* faire attention à; 4. *Crimes :* griefs, accusations;
5. Hyperbole fréquente dans le style précieux; 6. Je borne, je limite mon chagrin;
7. L'emploi de *dont* est plus étendu au XVIIe siècle qu'aujourd'hui : ici il équivaut
à *avec lesquels*; 8. Dans les choses.

QUESTIONS

2. Les opinions d'Élise sur les hommes : a-t-elle déjà suffisamment
l'expérience de la vie pour avoir éprouvé les déceptions dont elle parle?
Cherchez dans le rôle de Pauline dans *Polyeucte*, dans celui de Silvia
chez Marivaux (*le Jeu de l'amour et du hasard*, acte premier, scène première) et dans celui de Camille chez Musset (*On ne badine pas avec
l'amour*) les marques d'une attitude semblable.

Je me représente à toute heure ce péril étonnant qui commença de nous offrir aux regards l'un de l'autre, cette générosité surprenante qui vous fit risquer votre vie pour dérober la mienne à la fureur des ondes, ces soins pleins de tendresse que vous me fîtes éclater après m'avoir tirée de l'eau et les hommages assidus de cet ardent amour que ni le temps ni les difficultés n'ont rebuté, et qui, vous faisant négliger et parents et patrie[1], arrête vos pas en ces lieux, y tient en ma faveur votre fortune[2] déguisée, et vous a réduit, pour me voir, à vous revêtir de l'emploi de domestique[3] de mon père. Tout cela fait chez moi sans doute un merveilleux effet, et c'en est assez, à mes yeux, pour me justifier l'engagement où[4] j'ai pu consentir; mais ce n'est pas assez peut-être pour le justifier aux autres, et je ne suis pas sûre qu'on entre dans mes sentiments. **(3)**

VALÈRE. — De tout ce que vous avez dit, ce n'est que par mon seul amour que je prétends auprès de vous mériter quelque chose; et, quant aux scrupules que vous avez, votre père lui-même ne prend que trop de soin de vous justifier à tout le monde, et l'excès de son avarice et la manière austère[5] dont il vit avec ses enfants pourraient autoriser des choses plus étranges. Pardonnez-moi, charmante Élise, si j'en parle ainsi devant vous : vous savez que sur ce chapitre on n'en peut pas dire de bien. Mais enfin, si je puis, comme je l'espère, retrouver mes parents, nous n'aurons pas beaucoup de peine à nous les rendre favorables. J'en attends des nouvelles avec impatience, et j'en irai chercher moi-même si elles tardent à venir.

---

1. Valère est un gentilhomme napolitain; 2. *Fortune :* rang, condition sociale; 3. Au XVIIe siècle, on appelait *domestique* non seulement un valet, un serviteur, mais encore un intendant, comme Valère et même un officier ou un écrivain attaché à un grand seigneur et faisant partie de sa maison; 4. Voir page 21, note 2; 5. *Austère :* sévère et dur (sens péjoratif).

QUESTIONS

3. Pourquoi Élise cesse-t-elle si vite d'avoir des inquiétudes sur la fidélité de Valère? — Les circonstances romanesques qui entourent l'amour de Valère et d'Élise ne semblent-elles pas invraisemblables au milieu d'une comédie bourgeoise? En quoi sont-elles cependant utiles pour justifier la situation de Valère? — Le caractère d'Élise d'après tout ce début de scène : connaissez-vous, dans le théâtre de Molière, d'autres personnages de jeunes filles qui possèdent les mêmes qualités?

ÉLISE. — Ah! Valère, ne[1] bougez d'ici, je vous prie, et songez seulement à vous bien mettre dans l'esprit de mon père.

VALÈRE. — Vous voyez comme je m'y prends, et les adroites complaisances qu'il m'a fallu mettre en usage pour m'introduire à son service; sous quel masque de sympathie et de rapports de sentiments je me déguise pour lui plaire, et quel personnage je joue tous les jours avec lui afin d'acquérir sa tendresse. J'y fais des progrès admirables, et j'éprouve[2] que, pour gagner les hommes, il n'est point de meilleure voie que de se parer à leurs yeux de leurs inclinations, que de donner dans leurs maximes, encenser leurs défauts et applaudir à ce qu'ils font. On n'a que faire d'avoir peur de trop charger[3] la complaisance, et la manière dont on les joue a beau être visible, les plus fins toujours sont de grandes dupes du côté de la flatterie, et il n'y a rien de si impertinent[4] et de si ridicule qu'on ne fasse avaler lorsqu'on l'assaisonne en louange. La sincérité souffre un peu au métier que je fais; mais, quand on a besoin des hommes, il faut bien s'ajuster[5] à eux, et, puisqu'on ne saurait les gagner que par là, ce n'est pas la faute de ceux qui flattent, mais de ceux qui veulent être flattés. **(4)**

ÉLISE. — Mais que ne tâchez-vous aussi de gagner l'appui de mon frère en cas que la servante[6] s'avisât de révéler notre secret?

VALÈRE. — On ne peut pas ménager l'un et l'autre; et l'esprit du père et celui du fils sont des choses si opposées qu'il est difficile d'accommoder ces deux confidences[7] ensemble. Mais vous, de votre part, agissez auprès de votre frère et servez-vous de l'amitié qui est entre vous deux pour le jeter dans nos intérêts. Il vient. Je me retire. Prenez ce temps

---

1. Au XVIIᵉ siècle, *ne* suffit, devant un impératif, à marquer la négation sans être accompagné de *pas* ou *point*; 2. J'apprends par expérience, je me rends compte; 3. *Charger* : exagérer; 4. *Impertinent* : inconvenant (sens étymologique); 5. *S'ajuster* : s'adapter; 6. Dame Claude, servante d'Harpagon; 7. *Confidence* : confiance. Il est difficile d'obtenir à la fois la confiance du père et celle du fils. Dans la réplique suivante, le mot est pris dans son sens actuel.

QUESTIONS

4. Pourquoi Valère insiste-t-il tellement pour expliquer son rôle auprès d'Harpagon? — Les maximes générales de Molière moraliste sont-elles utiles à l'action? A quoi préparent-elles le spectateur?

pour lui parler, et ne lui découvrez de notre affaire que ce que vous jugerez à propos.

ÉLISE. — Je ne sais si j'aurai la force de lui faire cette confidence. **(5)**

Scène II. — CLÉANTE, ÉLISE.

CLÉANTE. — Je suis bien aise de vous trouver seule, ma sœur, et je brûlais de vous parler pour m'ouvrir à vous d'un secret.

ÉLISE. — Me voilà prête à vous ouïr, mon frère. Qu'avez-vous à me dire?

CLÉANTE. — Bien des choses, ma sœur, enveloppées dans un mot. J'aime. **(6)**

ÉLISE. — Vous aimez?

CLÉANTE. — Oui, j'aime. Mais avant que d'aller plus loin, je sais que je dépends d'un père, et que le nom de fils me soumet à ses volontés; que nous ne devons point engager notre foi sans le consentement de ceux dont nous tenons le jour; que le ciel les a faits les maîtres de nos vœux, et qu'il nous est enjoint de n'en disposer que par leur conduite[1]; que, n'étant prévenus d'aucune folle ardeur, ils sont en état de se tromper bien moins que nous et de voir beaucoup mieux ce qui nous est propre; qu'il en faut plutôt croire les lumières de leur prudence que l'aveuglement de notre passion, et que l'emportement de la jeunesse nous entraîne le plus souvent dans des précipices fâcheux. Je vous dis tout cela, ma sœur, afin que vous ne vous donniez pas la peine de me le dire, car enfin mon amour ne veut rien écouter, et je vous prie de ne me point faire de remontrances. **(7)**

ÉLISE. — Vous êtes-vous engagé, mon frère, avec celle que vous aimez?

---

1. *Conduite* : direction, conseil.

─────── **QUESTIONS** ───────

5. Sur l'ensemble de la scène première. — L'exposition dans cette scène : quels personnages et quelle situation connaît-on maintenant?
6. Cette brusque déclaration de Cléante ne donne-t-elle pas à la scène une tournure inattendue? Que pense Élise à ce moment?
7. Peut-on imaginer, d'après cette tirade, le ton habituel des discussions entre le frère et la sœur? Quelles différences de caractère se révèlent ici?

CLÉANTE. — Non; mais j'y suis résolu, et je vous conjure encore une fois de ne me point apporter de raisons pour m'en dissuader.

ÉLISE. — Suis-je, mon frère, une si étrange personne?

CLÉANTE. — Non, ma sœur; mais vous n'aimez pas, vous ignorez la douce violence qu'un tendre amour fait sur nos cœurs, et j'appréhende votre sagesse.

ÉLISE. — Hélas! mon frère, ne parlons point de ma sagesse. Il n'est personne qui n'en manque du moins une fois en sa vie; et, si je vous ouvre mon cœur, peut-être serai-je à vos yeux bien moins sage que vous.

CLÉANTE. — Ah! plût au ciel que votre âme, comme la mienne...

ÉLISE. — Finissons auparavant votre affaire, et me dites qui est celle que vous aimez. (8)

CLÉANTE. — Une jeune personne qui loge depuis peu en ces quartiers, et qui semble être faite pour donner de l'amour à tous ceux qui la voient. La nature, ma sœur, n'a rien formé de plus aimable, et je me sentis transporté dès le moment que je la vis. Elle se nomme Mariane et vit sous la conduite d'une bonne femme[1] de mère qui est presque toujours malade, et pour qui cette aimable fille a des sentiments d'amitié qui ne sont pas imaginables. Elle la sert, la plaint, et la console avec une tendresse qui vous toucherait l'âme. Elle se prend d'un air le plus charmant du monde aux choses qu'elle fait, et l'on voit briller mille grâces en toutes ses actions : une douceur pleine d'attraits, une bonté toute engageante, une honnêteté adorable, une... Ah! ma sœur, je voudrais que vous l'eussiez vue.

ÉLISE. — J'en vois beaucoup[2], mon frère, dans les choses que vous me dites, et, pour comprendre ce qu'elle est, il me suffit que vous l'aimez[3].

CLÉANTE. — J'ai découvert sous main qu'elles ne sont pas

---

1. *Bonne femme* et *bonhomme* (ou *bon homme*) s'emploie au XVIIe siècle pour désigner des vieillards, sans intention ironique ou méprisante; 2. Je vois beaucoup de choses (cf. l'expression : *j'en sais long*); 3. Emploi de l'indicatif (au lieu du subjonctif obligatoire aujourd'hui) parce qu'on insiste sur la réalité du fait.

―――――――― **QUESTIONS** ――――――――

8. Pourquoi Élise ne pousse-t-elle pas plus loin la confidence de son propre amour? Est-ce seulement par discrétion et par pudeur?

fort accommodées[1] et que leur discrète conduite[2] a de la peine à étendre à tous leurs besoins le bien qu'elles peuvent avoir. Figurez-vous, ma sœur, quelle joie ce peut être que de relever la fortune[3] d'une personne que l'on aime, que de donner adroitement quelques petits secours aux modestes nécessités d'une vertueuse famille, et concevez quel déplaisir ce m'est de voir que par l'avarice d'un père je sois dans l'impuissance de goûter cette joie et de faire éclater à cette belle aucun témoignage de mon amour. **(9)**

ÉLISE. — Oui, je conçois assez, mon frère, quel doit être votre chagrin.

CLÉANTE. — Ah! ma sœur, il est plus grand qu'on ne peut croire : car enfin peut-on rien voir de plus cruel que cette rigoureuse épargne qu'on exerce sur nous, que cette sécheresse[4] étrange où l'on nous fait languir? Et que nous servira d'avoir du bien, s'il ne nous vient que dans le temps que nous ne serons plus dans le bel âge d'en jouir, et, si pour m'entretenir même, il faut que maintenant je m'engage[5] de tous côtés, si je suis réduit avec vous à chercher tous les jours le secours des marchands pour avoir moyen de porter des habits raisonnables? Enfin j'ai voulu vous parler pour m'aider à sonder mon père sur les sentiments où je suis; et, si je l'y trouve contraire, j'ai résolu d'aller en d'autres lieux avec cette aimable personne jouir de la fortune que le ciel voudra nous offrir. Je fais chercher partout pour ce dessein de l'argent à emprunter; et, si vos affaires, ma sœur, sont semblables aux miennes, et qu'il faille que notre père s'oppose à nos désirs, nous le quitterons là tous deux, et nous affranchirons de cette tyrannie où nous tient depuis si longtemps son avarice insupportable. **(10)**

ÉLISE. — Il est bien vrai que tous les jours il nous donne de plus en plus sujet de regretter la mort de notre mère et que...

CLÉANTE. — J'entends sa voix. Éloignons-nous un peu

---

1. *Accommodé* : dans l'aisance. Inversement, *incommodé* s'emploie alors au sens de *pauvre* ; 2. Leur prudente manière de vivre ; 3. *Fortune* : voir page 23, note 2 ; 4. *Sécheresse* : état de gêne extrême ; 5. Je contracte des engagements, je m'endette.

——— **QUESTIONS** ———————————————

9. Les éléments romanesques dans l'aventure amoureuse de Cléante.
10. La solution proposée par Valère ressemble à celle qu'envisageait Cléante. Quel désir Harpagon provoque-t-il chez ceux qui l'entourent?

pour achever notre confidence, et nous joindrons après nos forces pour venir attaquer la dureté de son humeur. **(11)**

Scène III. — HARPAGON, LA FLÈCHE.

HARPAGON. — Hors d'ici tout à l'heure[1], et qu'on ne réplique pas! Allons, que l'on détale de chez moi, maître juré filou[2], vrai gibier de potence! **(12)**

LA FLÈCHE, *à part.* — Je n'ai jamais rien vu de si méchant que ce maudit vieillard, et je pense, sauf correction[3], qu'il a le diable au corps.

HARPAGON. — Tu murmures entre tes dents?

LA FLÈCHE. — Pourquoi me chassez-vous?

HARPAGON. — C'est bien à toi, pendard, à me demander des raisons! Sors vite, que je ne t'assomme.

LA FLÈCHE. — Qu'est-ce que je vous ai fait?

HARPAGON. — Tu m'as fait, que je veux que tu sortes.

LA FLÈCHE. — Mon maître, votre fils, m'a donné ordre de l'attendre.

HARPAGON. — Va-t'en l'attendre dans la rue, et ne sois point dans ma maison, planté tout droit comme un piquet, à observer ce qui se passe et faire ton profit de tout. Je ne veux point avoir sans cesse devant moi un espion de mes affaires, un traître dont les yeux maudits assiègent toutes mes actions, dévorent ce que je possède, et furettent de tous côtés pour voir s'il n'y a rien à voler. **(13)**

LA FLÈCHE. — Comment diantre voulez-vous qu'on fasse pour vous voler? Etes-vous un homme volable[4], quand vous renfermez toutes choses et faites sentinelle jour et nuit?

---

1. *Tout à l'heure* : à l'instant, immédiatement; 2. Dans les anciennes corporations, l'apprenti qui avait prouvé sa capacité professionnelle en exécutant un chef-d'œuvre prenait le rang de *maître*. Parmi les maîtres se recrutaient les *jurés*, chargés de les représenter. Un *maître juré filou* est donc celui qui s'est élevé aux plus hauts grades dans la profession de voleur; 3. Expression familière destinée à atténuer l'effet du mot *diable* (cf. l'expression *sauf votre respect*); 4. Mot comique qui semble inventé par Molière.

▌ QUESTIONS ▐

11. SUR L'ENSEMBLE DE LA SCÈNE II. — Établissez un parallèle entre les deux premières scènes. Y a-t-il une symétrie complète entre la situation du frère et de la sœur l'un par rapport à l'autre?

12. Quel effet produit l'entrée d'Harpagon?

13. Le vocabulaire d'Harpagon dans ce début de scène.

HARPAGON. — Je veux renfermer ce que bon me semble et faire sentinelle comme il me plaît. Ne voilà pas de mes mouchards[1] qui prennent garde à ce qu'on fait? *(A part.)* Je tremble qu'il n'ait soupçonné quelque chose de mon argent. *(Haut.)* Ne serais-tu point homme à aller faire courir le bruit que j'ai chez moi de l'argent caché?

LA FLÈCHE. — Vous avez de l'argent caché?

HARPAGON. — Non, coquin, je ne dis pas cela. *(A part.)* J'enrage! *(Haut.)* Je demande si malicieusement tu n'irais point faire courir le bruit que j'en ai.

LA FLÈCHE. — Hé! que nous importe que vous en ayez ou que vous n'en ayez pas, si c'est pour nous la même chose?

HARPAGON. — Tu fais le raisonneur! Je te baillerai[2] de ce raisonnement-ci par les oreilles. *(Il lève la main pour lui donner un soufflet.)* Sors d'ici, encore une fois.

LA FLÈCHE. — Hé bien, je sors.

HARPAGON. — Attends. Ne m'emportes-tu rien?

LA FLÈCHE. — Que vous emporterais-je?

HARPAGON. — Viens çà, que je voie. Montre-moi tes mains.

LA FLÈCHE. — Les voilà.

HARPAGON. — Les autres.

LA FLÈCHE. — Les autres?

HARPAGON. — Oui.

LA FLÈCHE. — Les voilà[3]. **(14)**

HARPAGON, *désignant les chausses.* — N'as-tu rien mis ici dedans?

LA FLÈCHE. — Voyez vous-même.

HARPAGON, *tâtant le bas de ses chausses.* — Ces grands hauts-de-chausses[4] sont propres à devenir les receleurs des

---

1. *Mouchard :* espion. *Mouche* et *moucher* s'employaient dans le même sens; **2.** *Bailler :* donner. Le mot, déjà vieilli, n'appartient plus alors au beau langage, mais reste dans la langue populaire. Harpagon parle d'une manière démodée et vulgaire pour un homme de sa condition; **3.** Plaisanterie un peu grosse, imitée de Plaute, qui demandait à Strobile de lui montrer sa « troisième » main; **4.** *Haut-de-chausses :* culotte; la mode était aux hauts-de-chausses très larges.

————— **QUESTIONS** —————

14. La valeur de cet effet comique, imité de Plaute (v. la Documentation thématique). Charles Dullin conseillait aux acteurs de ne pas trop insister sur cet effet; pourquoi?

choses qu'on dérobe, et je voudrais qu'on en eût fait pendre quelqu'un[1].

LA FLÈCHE, *à part.* — Ah! qu'un homme comme cela mériterait bien ce qu'il craint, et que j'aurais de joie à le voler!

HARPAGON. — Euh?

LA FLÈCHE. — Quoi?

HARPAGON. — Qu'est-ce que tu parles de voler?

LA FLÈCHE. — Je dis que vous fouillez bien partout pour voir si je vous ai volé.

HARPAGON. — C'est ce que je veux faire.

(Il fouille dans les poches de La Flèche.)

LA FLÈCHE, *à part.* — La peste soit de l'avarice et des avaricieux[2]!

HARPAGON. — Comment? que dis-tu?

LA FLÈCHE. — Ce que je dis?

HARPAGON. — Oui. Qu'est-ce que tu dis d'avarice et d'avaricieux?

LA FLÈCHE. — Je dis que la peste soit de l'avarice et des avaricieux.

HARPAGON. — De qui veux-tu parler?

LA FLÈCHE. — Des avaricieux.

HARPAGON. — Et qui sont-ils, ces avaricieux?

LA FLÈCHE. — Des vilains[3] et des ladres.

HARPAGON. — Mais qui est-ce que tu entends par là?

LA FLÈCHE. — De quoi vous mettez-vous en peine?

HARPAGON. — Je me mets en peine de ce qu'il faut.

LA FLÈCHE. — Est-ce que vous croyez que je veux parler de vous?

HARPAGON. — Je crois ce que je crois; mais je veux que tu me dises à qui tu parles quand tu dis cela.

LA FLÈCHE. — Je parle... je parle à mon bonnet.

---

1. Harpagon veut dire sans doute qu'il souhaite de voir pendre un de ceux qui portent des hauts-de-chausses si larges, mais, prise textuellement, la phrase signifie qu'il faudrait pendre les hauts-de-chausses eux-mêmes, d'où l'effet comique; 2. *Avaricieux* : synonyme populaire d'*avare* ; 3. *Vilain*. Ce mot, qui signifie souvent « paysan, roturier », est pris ici dans le sens d'« avare ».

HARPAGON. — Et moi, je pourrais bien parler à ta barrette[1].

LA FLÈCHE. — M'empêcherez-vous de maudire les avaricieux?

HARPAGON. — Non; mais je t'empêcherai de jaser et d'être insolent. Tais-toi.

LA FLÈCHE. — Je ne nomme personne.

HARPAGON. — Je te rosserai si tu parles.

LA FLÈCHE. — Qui se sent morveux, qu'il se mouche.

HARPAGON. — Te tairas-tu?

LA FLÈCHE. — Oui, malgré moi.

HARPAGON. — Ah! Ah!

LA FLÈCHE, *lui montrant une des poches de son justaucorps.* — Tenez, voilà encore une poche. Etes-vous satisfait?

HARPAGON. — Allons, rends-le-moi sans te fouiller[2].

LA FLÈCHE. — Quoi?

HARPAGON. — Ce que tu m'as pris.

LA FLÈCHE. — Je ne vous ai rien pris du tout.

HARPAGON. — Assurément?

LA FLÈCHE. — Assurément.

HARPAGON. — Adieu. Va-t'en à tous les diables.

LA FLÈCHE. — Me voilà fort bien congédié.

HARPAGON. — Je te le[3] mets sur ta conscience au moins! Voilà un pendard de valet qui m'incommode fort, et je ne me plais point à voir ce chien de boiteux-là[4]. (15)

---

1. La *barrette* était une sorte de béret plat porté par les paysans et les laquais. *Parler à la barrette* de quelqu'un signifie « faire tomber la barrette en donnant des coups sur la tête »; 2. Sans que je te fouille; 3. *Le* désigne d'une manière vague le vol supposé de La Flèche; 4. L'acteur Louis Béjart, qui jouait le rôle de La Flèche, était boiteux.

--- **QUESTIONS** ---

15. SUR L'ENSEMBLE DE LA SCÈNE III. — Énumérez et analysez les différents procédés comiques utilisés dans cette scène. La bouffonnerie de certains effets nuit-elle à la vérité de l'analyse psychologique? Quels aspects du caractère d'Harpagon se trouvent ainsi grossis?
— Étudiez le rôle de La Flèche; quel emploi traditionnel prend-il ici? Son insolence est-elle vraisemblable?
— Utilité de cette scène : est-ce une scène qui fait avancer l'action?
— Comparez la scène au texte de Plaute dont s'est inspiré Molière (voir la Documentation thématique).

Scène IV. — HARPAGON, ÉLISE, CLÉANTE.

HARPAGON. — Certes ce n'est pas une petite peine que de garder chez soi une grande somme d'argent, et bien heureux qui a tout son fait[1] bien placé et ne conserve seulement que ce qu'il faut pour sa dépense. On n'est pas peu embarrassé à inventer dans toute une maison une cache fidèle : car, pour moi, les coffres-forts me sont suspects, et je ne veux jamais m'y fier. Je les tiens justement une franche amorce à voleurs, et c'est toujours la première chose que l'on va attaquer. Cependant, je ne sais si j'aurai bien fait d'avoir enterré dans mon jardin dix mille écus[2] qu'on me rendit hier. Dix mille écus en or chez soi est une somme assez... **(16)** *(Ici le frère et la sœur paraissent, s'entretenant bas.)* O ciel! je me serai trahi moi-même. La chaleur m'aura emporté, et je crois que j'ai parlé haut en raisonnant tout seul... Qu'est-ce?

CLÉANTE. — Rien, mon père.

HARPAGON. — Y a-t-il longtemps que vous êtes là?

ÉLISE. — Nous ne venons que d'arriver.

HARPAGON. — Vous avez entendu...

CLÉANTE. — Quoi, mon père?

HARPAGON. — Là[3]...

ÉLISE. — Quoi?

HARPAGON. — Ce que je viens de dire.

CLÉANTE. — Non.

HARPAGON. — Si fait, si fait[4].

ÉLISE. — Pardonnez-moi.

HARPAGON. — Je vois bien que vous en avez ouï quelques mots. C'est que je m'entretenais en moi-même de la peine qu'il y a aujourd'hui à trouver de l'argent, et je disais qu'il est bien heureux qui peut avoir dix mille écus chez soi. **(17)**

---

1. *Son fait* : son bien, son avoir; **2.** *Dix mille écus d'or* (soit cent mille livres) représentent une somme considérable (33,5 kg d'or, puisque l'écu de Louis XIV pesait 3,35 g) : près de 200 000 francs 1963; **3.** Formule d'encouragement : allons, vous savez bien de quoi il s'agit...; **4.** *Si fait* : mais si, au contraire (affirmation renforcée).

QUESTIONS

16. Relevez dans ce monologue le détail qui sera nécessaire pour la suite de l'intrigue. Comment Molière le rend-il vraisemblable?

17. Cette réplique d'Harpagon ne rappelle-t-elle pas une de ses répliques à La Flèche dans la scène précédente? Harpagon est-il habile à corriger ce qu'il croit être des paroles imprudentes?

CLÉANTE. — Nous feignions[1] à vous aborder de peur de vous interrompre.

HARPAGON. — Je suis bien aise de vous dire cela, afin que vous n'alliez pas prendre les choses de travers et vous imaginer que je dise que c'est moi qui ai dix mille écus.

CLÉANTE. — Nous n'entrons point dans vos affaires.

HARPAGON. — Plût à Dieu que je les eusse, dix mille écus!

CLÉANTE. — Je ne crois pas.

HARPAGON. — Ce serait une bonne affaire pour moi.

ÉLISE. — Ce sont des choses...

HARPAGON. — J'en aurais bon besoin.

CLÉANTE. — Je pense que...

HARPAGON. — Cela m'accommoderait[2] fort.

ÉLISE. — Vous êtes...

HARPAGON. — Et je ne me plaindrais pas, comme je fais, que le temps est misérable. (18)

CLÉANTE. — Mon Dieu, mon père, vous n'avez pas lieu de vous plaindre et l'on sait que vous avez assez de bien. (19)

HARPAGON. — Comment! j'ai assez de bien? Ceux qui le disent en ont menti. Il n'y a rien de plus faux, et ce sont des coquins qui font courir tous ces bruits-là.

ÉLISE. — Ne vous mettez point en colère.

HARPAGON. — Cela est étrange que mes propres enfants me trahissent et deviennent mes ennemis.

CLÉANTE. — Est-ce être votre ennemi que de dire que vous avez du bien?

HARPAGON. — Oui. De pareils discours et les dépenses que vous faites seront cause qu'un de ces jours on me viendra

---

1. *Feindre* : ici, hésiter; 2. *Accommoder* : mettre à l'aise, améliorer la situation (voir page 27, note 1, le sens du participe *accommodé*).

─────── QUESTIONS ───────

18. Cette réplique prouve-t-elle qu'Harpagon est conscient de son avarice? ou est-il dupe lui-même de la comédie qu'il joue?

19. L'intention de Cléante en faisant cette réflexion : pourquoi est-ce une maladresse?

chez moi couper la gorge, dans la pensée que je suis tout cousu de pistoles[1]. **(20)**

CLÉANTE. — Quelle grande dépense est-ce que je fais?

HARPAGON. — Quelle? Est-il rien de plus scandaleux que ce somptueux équipage[2] que vous promenez par la ville? Je querellais hier votre sœur; mais c'est encore pis. Voilà qui crie vengeance au ciel; et, à vous prendre depuis les pieds jusqu'à la tête, il y aurait là de quoi faire une bonne constitution[3]. Je vous l'ai dit vingt fois, mon fils, toutes vos manières me déplaisent fort : vous donnez furieusement dans le marquis[4], et pour aller ainsi vêtu, il faut bien que vous me dérobiez.

CLÉANTE. — Hé! comment vous dérober?

HARPAGON. — Que sais-je? Où pouvez-vous donc prendre de quoi entretenir l'état[5] que vous portez?

CLÉANTE. — Moi, mon père? C'est que je joue, et, comme je suis fort heureux, je mets sur moi tout l'argent que je gagne.

HARPAGON. — C'est fort mal fait. Si vous êtes heureux au jeu, vous en devriez profiter et mettre à honnête intérêt l'argent que vous gagnez, afin de le trouver un jour... **(21)** Je voudrais bien savoir, sans parler du reste, à quoi servent tous ces rubans dont vous voilà lardé depuis les pieds jusqu'à la tête, et si une demi-douzaine d'aiguillettes ne suffit pas pour attacher un haut-de-chausses[6]? Il est bien nécessaire d'employer de l'argent à des perruques, lorsque l'on peut porter des cheveux de son cru, qui ne coûtent rien! Je vais gager qu'en perruques et rubans il y a du moins[7] vingt pistoles; et vingt pistoles rapportent par année dix-

---

1. D'après Furetière, cette locution serait venue de ce que les avares « cousent leur argent dans leurs habits pour le mieux compter et garder »; 2. *Equipage* : costume, tenue; 3. Un placement qui rapporterait de bonnes rentes; 4. Vous imitez le train de vie des marquis; 5. *Etat* : ici, manière de s'habiller, costume; 6. Le haut-de-chausses (la culotte) s'attachait au pourpoint au moyen de lacets, ou *aiguillettes*, passés dans les œillets. Les élégants dissimulaient ces attaches sous des flots de rubans; 7. On dirait aujourd'hui *au moins*.

QUESTIONS

20. L'idée fixe d'Harpagon : est-il normal que ses enfants soient englobés dans la même méfiance que La Flèche et le reste de l'univers?
21. Harpagon reproche-t-il à son fils d'être joueur? Montrez que l'avarice a corrompu chez lui le sens moral.

huit livres six sols huit deniers, à ne les placer qu'au denier douze[1]. **(22)**

CLÉANTE. — Vous avez raison.

HARPAGON. — Laissons cela, et parlons d'autre affaire. Euh? *(Bas, à part.)* Je crois qu'ils se font signe l'un à l'autre de me voler ma bourse. *(Haut.)* Que veulent dire ces gestes-là?

ÉLISE. — Nous marchandons[2], mon frère et moi, à qui parlera le premier, et nous avons tous deux quelque chose à vous dire.

HARPAGON. — Et moi, j'ai quelque chose aussi à vous dire à tous deux.

CLÉANTE. — C'est de mariage, mon père, que nous désirons vous parler.

HARPAGON. — Et c'est de mariage aussi que je veux vous entretenir.

ÉLISE. — Ah! mon père!

HARPAGON. — Pourquoi ce cri? Est-ce le mot, ma fille, ou la chose qui vous fait peur?

CLÉANTE. — Le mariage peut nous faire peur à tous deux, de la façon que vous pouvez l'entendre[3], et nous craignons que nos sentiments ne soient pas d'accord avec votre choix. **(23)**

HARPAGON. — Un peu de patience. Ne vous alarmez point. Je sais ce qu'il faut à tous deux, et vous n'aurez ni l'un ni l'autre aucun lieu de vous plaindre de tout ce que je prétends faire. Et, pour commencer par un bout, avez-vous vu, dites-moi, une jeune personne appelée Mariane, qui ne loge pas loin d'ici? **(24)**

CLÉANTE. — Oui, mon père.

---

1. Placer de l'argent au denier douze, c'est prendre un denier d'intérêt pour douze deniers prêtés, c'est-à-dire plus de 8 %. Harpagon calcule très exactement ce que rapporteraient 20 pistoles (ou 220 livres) placées à ce taux. Comme il s'agit d'un taux usuraire (le taux légal étant 5 %), on voit la valeur comique de l'expression : « A *ne* les placer qu'au denier douze »; 2. *Marchander :* ici, hésiter avant de prendre une décision (sens figuré); 3. Selon la manière dont vous pouvez le comprendre, selon les intentions que vous avez à ce sujet.

■━━━ **QUESTIONS** ━━━━━━━━━━━━━━━━━━━

22. Qu'est devenu chez Harpagon le sens de l'économie, qualité traditionnelle de la bourgeoisie?

23. Pourquoi cette appréhension, avant même de connaître la proposition d'Harpagon?

24. Cette entrée en matière peut-elle rassurer Cléante?

HARPAGON, *à Elise*. — Et vous?

ÉLISE. — J'en ai ouï parler.

HARPAGON. — Comment, mon fils, trouvez-vous cette fille?

CLÉANTE. — Une fort charmante personne.

HARPAGON. — Sa physionomie?

CLÉANTE. — Tout honnête et pleine d'esprit.

HARPAGON. — Son air et sa manière?

CLÉANTE. — Admirables, sans doute.

HARPAGON. — Ne croyez-vous pas qu'une fille comme cela mériterait assez que l'on songeât à elle?

CLÉANTE. — Oui, mon père.

HARPAGON. — Que ce serait un parti souhaitable?

CLÉANTE. — Très souhaitable.

HARPAGON. — Qu'elle a toute la mine de faire un bon ménage[1]?

CLÉANTE. — Sans doute.

HARPAGON. — Et qu'un mari aurait satisfaction avec elle?

CLÉANTE. — Assurément.

HARPAGON. — Il y a une petite difficulté : c'est que j'ai peur qu'il n'y ait pas avec elle tout le bien qu'on pourrait prétendre.

CLÉANTE. — Ah! mon père, le bien n'est pas considérable[2] lorsqu'il est question d'épouser une honnête personne.

HARPAGON. — Pardonnez-moi, pardonnez-moi! Mais ce qu'il y a à dire, c'est que, si l'on n'y trouve pas tout le bien qu'on souhaite, on peut tâcher de regagner cela sur autre chose.

CLÉANTE. — Cela s'entend[3].

HARPAGON. — Enfin je suis bien aise de vous voir dans mes sentiments, car son maintien honnête et sa douceur m'ont gagné l'âme et je suis résolu de l'épouser, pourvu que j'y trouve quelque bien. **(25)**

---

1. Tout semble indiquer qu'elle saura bien tenir sa maison; 2. *Considérable* : à prendre en considération; 3. *Cela s'entend* : cela se comprend.

━━━ QUESTIONS ━━━

25. Le mécanisme du quiproquo utilisé ici : quel est le sentiment du spectateur pendant toute cette partie de la scène?

CLÉANTE. — Euh?

HARPAGON. — Comment?

CLÉANTE. — Vous êtes résolu, dites-vous...

HARPAGON. — D'épouser Mariane.

CLÉANTE. — Qui? Vous, vous?

HARPAGON. — Oui, moi, moi, moi! Que veut dire cela?

CLÉANTE. — Il m'a pris tout à coup un éblouissement, et je me retire d'ici.

HARPAGON. — Cela ne sera rien. Allez vite boire dans la cuisine un grand verre d'eau claire. Voilà de mes damoiseaux flouets[1] qui n'ont non plus de vigueur que des poules! **(26)** C'est là, ma fille, ce que j'ai résolu pour moi. Quant à ton frère, je lui destine une certaine veuve dont ce matin on m'est venu parler; et, pour toi, je te donne au seigneur Anselme.

ÉLISE. — Au seigneur Anselme?

HARPAGON. — Oui. Un homme mûr, prudent et sage, qui n'a pas plus de cinquante ans, et dont on vante les grands biens.

ÉLISE, *faisant une révérence*. — Je ne veux point me marier, mon père, s'il vous plaît.

HARPAGON, *contrefaisant sa révérence*. — Et moi, ma petite fille, ma mie[2], je veux que vous vous mariiez, s'il vous plaît.

ÉLISE. — Je vous demande pardon, mon père.

HARPAGON. — Je vous demande pardon, ma fille.

ÉLISE. — Je suis très humble servante au seigneur Anselme, mais, avec votre permission, je ne l'épouserai point.

HARPAGON. — Je suis votre très humble valet; mais, avec votre permission, vous l'épouserez dès ce soir.

ÉLISE. — Dès ce soir?

---

1. Jeunes gens efféminés et sans vigueur. La forme *flouet* a été supplantée au XVIIIᵉ siècle par *fluet*. Quant au mot *damoiseau*, il est déjà vieilli au XVIIᵉ siècle, et il est pris ici ironiquement; 2. Fausse orthographe pour *m'amie*. Jusqu'au XVIᵉ siècle, devant un nom féminin commençant par une voyelle, on employait les formules *ma, ta, sa*, qui s'élidaient. L'expression n'appartient plus au XVIIᵉ siècle qu'au langage populaire.

━━━━━ QUESTIONS ━━━━━

26. Comment Molière rompt-il l'entretien entre le père et le fils? Pourquoi faut-il qu'Harpagon ignore encore l'intrigue de Cléante et de Mariane? — Pourquoi avoir fait d'Harpagon un vieillard amoureux? Cela contribue-t-il à donner plus de vérité au personnage?

HARPAGON. — Dès ce soir.

ÉLISE. — Cela ne sera pas, mon père.

HARPAGON. — Cela sera, ma fille.

ÉLISE. — Non.

HARPAGON. — Si.

ÉLISE. — Non, vous dis-je.

HARPAGON. — Si, vous dis-je.

ÉLISE. — C'est une chose où vous ne me réduirez point.

HARPAGON. — C'est une chose où je te réduirai.

ÉLISE. — Je me tuerai plutôt que d'épouser un tel mari.

HARPAGON. — Tu ne te tueras point, et tu l'épouseras. Mais voyez quelle audace ! A-t-on jamais vu une fille parler de la sorte à son père ?

ÉLISE. — Mais a-t-on jamais vu un père marier sa fille de la sorte ?

HARPAGON. — C'est un parti où il n'y a rien à redire, et je gage que tout le monde approuvera mon choix.

ÉLISE. — Et moi, je gage qu'il ne saurait être approuvé d'aucune personne raisonnable. (27)

HARPAGON. — Voilà Valère. Veux-tu qu'entre nous deux nous le fassions juge de cette affaire ?

ÉLISE. — J'y consens.

HARPAGON. — Te rendras-tu à son jugement ?

ÉLISE. — Oui. J'en passerai par ce qu'il dira.

HARPAGON. — Voilà qui est fait. (28) (29)

■ QUESTIONS

27. Les effets comiques de ce dialogue entre Elise et son père. La situation n'est-elle pas ici traditionnelle, tout comme les moyens employés ? Harpagon diffère-t-il ici tellement de beaucoup d'autres pères de comédie ? Faites des comparaisons.

28. Le sentiment du spectateur quand il voit Harpagon accepter l'arbitrage de Valère.

29. SUR L'ENSEMBLE DE LA SCÈNE IV. — De combien de parties est faite cette scène ? Montrez que le caractère d'Harpagon, méfiant et autoritaire, lui donne cependant de l'unité.

— En quoi l'action progresse-t-elle (conflit entre le père et les enfants) ?

— Comment Molière atténue-t-il le caractère déplaisant de la situation par des moyens comiques ?

Scène V. — VALÈRE, HARPAGON, ÉLISE.

HARPAGON. — Ici, Valère, Nous t'avons élu pour nous dire qui a raison de ma fille ou de moi.

VALÈRE. — C'est vous, monsieur, sans contredit.

HARPAGON. — Sais-tu bien de quoi nous parlons?

VALÈRE. — Non. Mais vous ne sauriez avoir tort, et vous êtes toute raison.

HARPAGON. — Je veux ce soir lui donner pour époux un homme aussi riche que sage, et la coquine me dit au nez qu'elle se moque de le prendre. Que dis-tu de cela?

VALÈRE. — Ce que j'en dis?

HARPAGON. — Oui.

VALÈRE. — Eh! eh! **(30)**

HARPAGON. — Quoi?

VALÈRE. — Je dis que dans le fond je suis de votre sentiment, et que vous ne pouvez pas que[1] vous n'ayez raison; mais aussi n'a-t-elle pas tort tout à fait, et...

HARPAGON. — Comment! Le seigneur Anselme est un parti considérable[2], c'est un gentilhomme qui est noble[3], doux, posé, sage et fort accommodé[4], et auquel il ne reste aucun enfant de son premier mariage. Saurait-elle mieux rencontrer?

VALÈRE. — Cela est vrai; mais elle pourrait vous dire que c'est un peu précipiter les choses, et qu'il faudrait au moins quelque temps pour voir si son inclination pourra s'accommoder avec...

HARPAGON. — C'est une occasion qu'il faut prendre vite aux cheveux. Je trouve ici un avantage qu'ailleurs je ne trouverais pas, et il s'engage à la prendre sans dot...

VALÈRE. — Sans dot?

HARPAGON. — Oui.

---

1. Il est impossible que vous n'ayez pas raison; 2. *Considérable* : voir page 36, note 2; 3. Trait de satire contre les parvenus qui usurpaient des titres de noblesse. Il sera aussi question de *larrons de noblesse* à la scène V de l'acte V; 4. *Accommodé* : voir page 27, note 1.

QUESTIONS

---

30. Le débat s'engage-t-il aussi bien que l'avait souhaité le spectateur? Comment Valère risque-t-il d'être pris à son propre jeu?

VALÈRE. — Ah! je ne dis plus rien. Voyez-vous, voilà une raison tout à fait convaincante; il se faut rendre à cela.

HARPAGON. — C'est pour moi une épargne considérable.

VALÈRE. — Assurément, cela ne reçoit point de contradiction. Il est vrai que votre fille vous peut représenter que le mariage est une plus grande affaire qu'on ne peut croire; qu'il y va d'être heureux ou malheureux toute sa vie, et qu'un engagement qui doit durer jusqu'à la mort ne se doit jamais faire qu'avec de grandes précautions.

HARPAGON. — Sans dot[1]!

VALÈRE. — Vous avez raison. Voilà qui décide tout; cela s'entend. Il y a des gens qui pourraient vous dire qu'en de telles occasions l'inclination d'une fille est une chose sans doute où l'on doit avoir de l'égard, et que cette grande inégalité d'âge, d'humeur et de sentiments, rend un mariage sujet à des accidents fâcheux.

HARPAGON. — Sans dot!

VALÈRE. — Ah! il n'y a pas de réplique à cela, on le sait bien. Qui diantre peut aller là-contre? Ce n'est pas qu'il n'y ait quantité de pères qui aimeraient mieux ménager la satisfaction de leurs filles que l'argent qu'ils pourraient donner; qui ne les voudraient point sacrifier à l'intérêt et chercheraient, plus que toute autre chose, à mettre dans un mariage cette douce conformité qui sans cesse y maintient l'honneur, la tranquillité et la joie, et que...

HARPAGON. — Sans dot!

VALÈRE. — Il est vrai. Cela ferme la bouche à tout. *Sans dot!* Le moyen de résister à une raison comme celle-là! (31)

---

1. Chez Plaute, Euclion, à qui Mégadore demande sa fille, lui dit à quatre reprises qu'elle est « sans dot ». De cette indication Molière a tiré un « mot de nature », dont la répétition renforce la valeur comique.

──────── **QUESTIONS** ────────

31. Comment Valère a-t-il essayé de défendre la cause d'Élise sans renoncer au personnage qu'il joue habituellement auprès d'Harpagon? Pourquoi est-il ridicule tout en exprimant des idées très raisonnables? — Quel est l'effet comique provoqué par le *sans dot?* Sa valeur psychologique? Comparez avec le mot d'Orgon *(Le pauvre homme!)* dans *le Tartuffe* (acte premier, scène IV) et celui de Géronte *(Que diable allait-il faire dans cette galère?)* dans *les Fourberies de Scapin* (acte II, scène VII). Qu'appelle-t-on, d'après ces différents exemples, un « mot de nature »?

un dépit amoureux

HARPAGON, *à part, regardant vers le jardin.* — Ouais! Il me semble que j'entends un chien qui aboie. N'est-ce point qu'on en voudrait à mon argent? (*A Valère.*) Ne bougez[1], je reviens tout à l'heure[2]. (*Il sort.*) **(32)**

ÉLISE. — Vous moquez-vous, Valère, de lui parler comme vous faites?

VALÈRE. — C'est pour ne point l'aigrir et pour en venir mieux à bout. Heurter de front ses sentiments est le moyen de tout gâter, et il y a de certains esprits qu'il ne faut prendre qu'en biaisant, des tempéraments ennemis de toute résistance, des naturels rétifs, que la vérité fait cabrer, qui toujours se raidissent contre le droit chemin de la raison, et qu'on ne mène qu'en tournant[3] où l'on veut les conduire. Faites semblant de consentir à ce qu'il veut, vous en viendrez mieux à vos fins, et...

ÉLISE. — Mais ce mariage, Valère?

VALÈRE. — On cherchera des biais pour le rompre.

ÉLISE. — Mais quelle invention trouver, s'il se doit conclure ce soir?

VALÈRE. — Il faut demander un délai et feindre quelque maladie.

ÉLISE. — Mais on découvrira la feinte si l'on appelle des médecins.

VALÈRE. — Vous moquez-vous? Y connaissent-ils quelque chose? Allez, allez, vous pourrez avec eux avoir quel mal il vous plaira[4], ils vous trouveront des raisons pour vous dire d'où cela vient. **(33)**

HARPAGON, *à part, rentrant.* — Ce n'est rien, Dieu merci.

VALÈRE. — Enfin notre dernier recours, c'est que la fuite nous peut mettre à couvert de tout; et, si votre amour, belle

---

1. Pour cette construction, voir page 24, note 1; 2. *Tout à l'heure :* voir page 28, note 1; 3. En prenant des moyens détournés; 4. On dirait aujourd'hui : « tel mal qu'il vous plaira ».

──────── **QUESTIONS** ────────

32. Cette sortie d'Harpagon est-elle vraisemblable? Comprend-on son utilité?

33. Citez dans *l'Amour médecin* (1665) et dans *le Médecin malgré lui* (1666) des situations qui rappellent celle qui est imaginée ici par Valère. Impression du spectateur qui connaît ces deux pièces de Molière.

Élise, est capable d'une fermeté... *(Il aperçoit Harpagon.)* Oui, il faut qu'une fille obéisse à son père. Il ne faut point qu'elle regarde comme un mari est fait ; et, lorsque la grande raison de *sans dot* s'y rencontre, elle doit être prête à prendre tout ce qu'on lui donne. **(34)**

HARPAGON. — Bon! Voilà bien parlé, cela.

VALÈRE. — Monsieur, je vous demande pardon, si je m'emporte un peu et prends la hardiesse de lui parler comme je fais.

HARPAGON. — Comment! J'en suis ravi, et je veux que tu prennes sur elle un pouvoir absolu. Oui, tu as beau fuir, je lui donne l'autorité que le ciel me donne sur toi, et j'entends que tu fasses tout ce qu'il te dira.

VALÈRE. — Après cela, résistez à mes remontrances! Monsieur, je vais la suivre pour lui continuer les leçons que je lui faisais.

HARPAGON. — Oui, tu m'obligeras. Certes...

VALÈRE. — Il est bon de lui tenir un peu la bride haute[1].

HARPAGON. — Cela est vrai. Il faut...

VALÈRE. — Ne vous mettez pas en peine, je crois que j'en viendrai à bout.

HARPAGON. — Fais, fais. Je m'en vais faire un petit tour en ville, et reviens tout à l'heure.

VALÈRE. — Oui, l'argent est plus précieux que toutes les choses du monde, et vous devez rendre grâces au ciel de l'honnête homme de père qu'il vous a donné. Il sait ce que c'est que de vivre. Lorsqu'on s'offre de prendre une fille sans dot, on ne doit point regarder plus avant. Tout est renfermé là-dedans, et *sans dot* tient lieu de beauté, de jeunesse, de naissance, d'honneur, de sagesse et de probité.

HARPAGON. — Ah! le brave garçon! Voilà parlé comme

---

1. De la tenir en respect, de la surveiller de près (image empruntée à l'équitation).

———— QUESTIONS ————

34. Analysez l'effet comique ici utilisé. Cherchez dans *Dom Juan* (acte II, Sganarelle et les paysannes au retour de Dom Juan), dans *les Femmes savantes* (renvoi de Martine) et dans *le Misanthrope* (Célimène à l'arrivée d'Arsinoé) des effets semblables.

un oracle. Heureux qui peut avoir un domestique de la sorte. **(35) (36)**

ACTE II

Scène première. — CLÉANTE, LA FLÈCHE.

CLÉANTE. — Ah! traître que tu es, où t'es-tu donc allé fourrer? Ne t'avais-je pas donné ordre...?

LA FLÈCHE. — Oui, monsieur, et je m'étais rendu ici pour vous attendre de pied ferme; mais monsieur votre père, le plus malgracieux des hommes, m'a chassé dehors malgré moi, et j'ai couru le risque d'être battu.

CLÉANTE. — Comment va notre affaire? Les choses pressent plus que jamais, et, depuis que je ne t'ai vu, j'ai découvert que mon père est mon rival.

LA FLÈCHE. — Votre père amoureux?

CLÉANTE. — Oui! et j'ai eu toutes les peines du monde à lui cacher le trouble où cette nouvelle m'a mis.

LA FLÈCHE. — Lui, se mêler d'aimer? De quoi diable s'avise-t-il? Se moque-t-il du monde? et l'amour a-t-il été fait pour des gens bâtis comme lui?

CLÉANTE. — Il a fallu, pour mes péchés, que cette passion lui soit venue en tête.

LA FLÈCHE. — Mais par quelle raison lui faire un mystère de votre amour?

CLÉANTE. — Pour lui donner moins de soupçon, et me conserver au besoin des ouvertures[1] plus aisées pour détourner ce mariage. **(1)** Quelle réponse t'a-t-on faite?

---

1. *Ouverture* : moyen d'agir.

─────── **QUESTIONS** ───────

35. Sur l'ensemble de la scène v. — Cette scène est-elle utile à l'action? A-t-elle amélioré la situation d'Élise en face de son père?

36. Sur l'ensemble de l'acte premier. — Composition de cet acte. Dans quel genre d'intrigue s'engage-t-on? Que savez-vous déjà des différents personnages?

— On a parfois supprimé à la représentation les deux première scènes de cet acte : cette mutilation vous paraît-elle légitime?

1. Montrez que ce début de scène fait le point de la situation et relie le deuxième acte au premier.

LA FLÈCHE. — Ma foi, monsieur, ceux qui empruntent sont bien malheureux, et il faut essuyer d'étranges choses lorsqu'on en est réduit à passer, comme vous, par les mains des fesse-mathieux[1].

CLÉANTE. — L'affaire ne se fera point?

LA FLÈCHE. — Pardonnez-moi. Notre maître Simon, le courtier qu'on nous a donné, homme agissant et plein de zèle, dit qu'il a fait rage[2] pour vous, et il assure que votre seule physionomie lui a gagné le cœur.

CLÉANTE. — J'aurai les quinze mille francs que je demande?

LA FLÈCHE. — Oui, mais à quelques petites conditions qu'il faudra que vous acceptiez, si vous avez dessein que les choses se fassent.

CLÉANTE. — T'a-t-il fait parler à celui qui doit prêter l'argent?

LA FLÈCHE. — Ah! vraiment, cela ne va pas de la sorte. Il apporte encore plus de soin à se cacher que vous, et ce sont des mystères bien plus grands que vous ne pensez. On ne veut point du tout dire son nom, et l'on doit aujourd'hui l'aboucher avec vous dans une maison empruntée, pour être instruit par votre bouche de votre bien et de votre famille; et je ne doute point que le seul nom de votre père ne rende les choses faciles.

CLÉANTE. — Et principalement notre mère étant morte, dont on ne peut m'ôter le bien[3]. (2)

LA FLÈCHE. — Voici quelques articles qu'il a dictés lui-même à notre entremetteur, pour vous être montrés avant que de rien faire.

« Supposé que le prêteur voie toutes ses sûretés[4], et que

---

1. *Fesse-mathieu* : usuriers, avares. Mot d'origine incertaine. La plupart des étymologies proposées *(il fait le saint Matthieu, il fête saint Matthieu, il a une face de saint Matthieu)* sont fondées sur le fait que Matthieu, avant de devenir disciple de Jésus, appartenait à la corporation des publicains (collecteurs d'impôts), généralement accusés d'usure; 2. *Faire rage :* agir avec rapidité et acharnement; 3. Harpagon doit compte à ses enfants de la fortune de leur mère; 4. Ait la certitude d'avoir toutes les garanties possibles.

─────── **QUESTIONS** ───────

2. Sur quel ton La Flèche répond-il aux questions impatientes de son maître? Montrez que son attitude permet aussi à Molière d'expliquer au spectateur une situation assez compliquée.

l'emprunteur soit majeur et d'une famille où le bien soit ample, solide, assuré, clair et net de tout embarras[1], on fera une bonne et exacte obligation par-devant un notaire, le plus honnête homme qu'il se pourra, et qui pour cet effet sera choisi par le prêteur, auquel il importe le plus que l'acte soit dûment dressé. »

CLÉANTE. — Il n'y a rien à dire à cela.

LA FLÈCHE. — « Le prêteur, pour ne charger sa conscience d'aucun scrupule, prétend ne donner son argent qu'au denier dix-huit[2]. »

CLÉANTE. — Au denier dix-huit? Parbleu, voilà qui est honnête! Il n'y a pas lieu de se plaindre.

LA FLÈCHE. — Cela est vrai.

« Mais, comme ledit prêteur n'a pas chez lui la somme dont il est question, et que pour faire plaisir à l'emprunteur il est contraint lui-même de l'emprunter d'un autre sur le pied du denier cinq[3], il conviendra que ledit premier emprunteur paye cet intérêt sans préjudice du reste, attendu que ce n'est que pour l'obliger que ledit prêteur s'engage à cet emprunt. »

CLÉANTE. — Comment diable! Quel Juif, quel Arabe[4] est-ce là? C'est plus qu'au denier quatre[5].

LA FLÈCHE. — Il est vrai, c'est ce que j'ai dit. Vous avez à voir là-dessus.

CLÉANTE. — Que veux-tu que je voie? J'ai besoin d'argent, et il faut bien que je consente à tout.

LA FLÈCHE. — C'est la réponse que j'ai faite.

CLÉANTE. — Il y a encore quelque chose?

LA FLÈCHE. — Ce n'est plus qu'un petit article.

« Des quinze mille francs qu'on demande, le prêteur ne pourra compter en argent que douze mille livres, et, pour les mille écus[6] restants, il faudra que l'emprunteur prenne

---

1. Dégagé de toute dette, ou de toute autre difficulté, qui gênerait le remboursement du prêt (cf. l'expression *avoir des embarras d'argent*); 2. Environ 5 1/2 %, soit à peu près le taux légal (5 %), qu'on appelait le denier du roi (voir page 35, note 1, la façon dont se calcule alors l'intérêt); 3. Soit 20 %; 4. *Juif* et *Arabe* sont des termes injurieux à une époque où tout ce qui n'est pas chrétien est considéré comme diabolique et barbare; 5. Soit 25 %; 6. Il s'agit de l'écu d'argent, valant 3 francs; l'écu d'or valait 10 livres.

les hardes, nippes[1] et bijoux dont s'ensuit le mémoire, et que ledit prêteur a mis de bonne foi au plus modique prix qu'il lui a été possible. »

CLÉANTE. — Que veut dire cela? (3)

LA FLÈCHE. — Écoutez le mémoire.

« Premièrement, un lit de quatre pieds, à bandes de point de Hongrie[2], appliquées fort proprement[3] sur un drap de couleur d'olive, avec six chaises, et la courtepointe[4] de même, le tout bien conditionné et doublé d'un petit taffetas changeant rouge et bleu.

« Plus un pavillon à queue[5], d'une bonne serge d'Aumale rose sèche, avec le mollet[6] et les franges de soie. »

CLÉANTE. — Que veut-il que je fasse de cela?

LA FLÈCHE. — Attendez.

« Plus une tenture de tapisserie des *Amours de Gombaud et de Macée*[7].

« Plus une grande table de bois de noyer, à douze colonnes ou piliers tournés, qui se tire par les deux bouts, et garnie par le dessous de ses six escabelles. »

CLÉANTE. — Qu'ai-je affaire, morbleu?

LA FLÈCHE. — Donnez-vous patience.

« Plus trois gros mousquets tout garnis de nacre de perle, avec les trois fourchettes[8] assortissantes.

« Plus un fourneau de brique, avec deux cornues et trois récipients, fort utiles à ceux qui sont curieux de distiller.

CLÉANTE. — J'enrage!

LA FLÈCHE. — Doucement.

---

1. *Hardes, nippes* : ces deux mots, désignant les vêtements et le linge, s'employaient alors sans nuance défavorable; 2. *Point de Hongrie* : sorte de tapisserie; 3. *Proprement* : élégamment; 4. *Courtepointe* : couvre-pieds; 5. *Pavillon à queue* : garniture de lit, attachée au plancher et au plafond, en forme de tente; 6. *Mollet* : bordure ornant les étoffes d'ameublement; 7. Cette tenture, composée de huit panneaux représentant un sujet pastoral, avait été très à la mode au début du XVIIe siècle; 8. *Fourchette* : sorte de pique à sommet fourchu sur lequel les soldats appuyaient le mousquet pour tirer.

QUESTIONS

3. Le style de cette première partie du mémoire : comment la malhonnêteté se masque-t-elle sous le ton poli de l'homme bien élevé et sous la précision de l'homme d'affaires?

« Plus un luth de Bologne garni de toutes ses cordes, ou peu s'en faut.

« Plus un trou-madame[1] et un damier, avec un jeu de l'oie renouvelé des Grecs, fort propres à passer le temps lorsque l'on n'a que faire.

« Plus une peau d'un lézard de trois pieds et demi remplie de foin, curiosité agréable pour pendre au plancher[2] d'une chambre.

« Le tout, ci-dessus mentionné, valant loyalement plus de quatre mille cinq cents livres, et rabaissé à la valeur de mille écus par la discrétion du prêteur[3]. (4) »

CLÉANTE. — Que la peste l'étouffe avec sa discrétion, le traître, le bourreau qu'il est! A-t-on jamais parlé d'une usure semblable? et n'est-il pas content du furieux[4] intérêt qu'il exige, sans vouloir encore m'obliger à prendre pour trois mille livres les vieux rogatons[5] qu'il ramasse? Je n'aurai pas deux cents écus de tout cela; et cependant il faut bien me résoudre à consentir à ce qu'il veut, car il est en état de me faire tout accepter, et il me tient, le scélérat, le poignard sur la gorge.

LA FLÈCHE. — Je vous vois, monsieur, ne vous en déplaise, dans le grand chemin justement que tenait Panurge pour se ruiner, prenant argent d'avance, achetant cher, vendant à bon marché, et mangeant son blé en herbe[6].

CLÉANTE. — Que veux-tu que j'y fasse? Voilà où les jeunes gens sont réduits par la maudite avarice des pères; et on s'étonne, après cela, que les fils souhaitent qu'ils meurent. (5)

---

1. *Trou-madame* : jeu qui se joue avec treize petites boules qu'on fait rouler dans autant de trous marqués pour la perte ou pour le gain; 2. *Plancher* : se dit également du plafond, qui était encore le plus souvent fait de lattes de bois; 3. L'idée de cet inventaire comique a été fournie à Molière par la scène II de l'acte IV de *la Belle Plaideuse* (1654) de Boisrobert (1592-1662); 4. *Furieux* : absolument fou; 5. *Rogatons* : objets sans valeur; 6. Souvenir du second chapitre du *Tiers Livre*, intitulé « Comment Panurge fut fait châtelain de Salmigondin en Dipsodie et mangeait son blé en herbe. » Rabelais était un des auteurs favoris de Molière.

——— QUESTIONS ———

4. Dans la pièce de Boisrobert, dont s'est inspiré ici Molière, l'inventaire comportait les articles les plus étranges (gros canons, guenons, perroquets) : en quel sens Molière a-t-il transformé son modèle? Montrez qu'il reste dans les limites du vraisemblable sans cependant que son réalisme manque de saveur.

5. Sur quelle situation comique insiste Molière en nous montrant Cléante furieux d'être obligé par l'avarice de son père à se soumettre aux exigences de l'usurier?

LA FLÈCHE. — Il faut avouer que le vôtre animerait contre sa vilanie[1] le plus posé homme du monde. Je n'ai pas, Dieu merci, les inclinations fort patibulaires[2], et, parmi mes confrères que je vois se mêler de beaucoup de petits commerces, je sais tirer adroitement mon épingle du jeu et me démêler prudemment de toutes les galanteries[3] qui sentent tant soit peu l'échelle[4], mais, à vous dire vrai, il me donnerait, par ses procédés, des tentations de le voler, et je croirais, en le volant, faire une action méritoire[5].

CLÉANTE. — Donne-moi un peu ce mémoire, que je le voie encore. **(6)**

Scène II. — MAITRE SIMON, HARPAGON, CLÉANTE, LA FLÈCHE.

MAITRE SIMON. — Oui, monsieur, c'est un jeune homme qui a besoin d'argent. Ses affaires le pressent d'en trouver, et il en passera par tout ce que vous en prescrirez.

HARPAGON. — Mais croyez-vous, maître Simon, qu'il n'y ait rien à péricliter[6], et savez-vous le nom, les biens et la famille de celui pour qui vous parlez?

MAITRE SIMON. — Non, je ne puis pas bien vous en instruire à fond, et ce n'est que par aventure que l'on m'a adressé à lui; mais vous serez de toutes choses éclairci par lui-même, et son homme[7] m'a assuré que vous serez content quand vous le connaîtrez. Tout ce que je saurais vous dire, c'est

---

1. *Vilanie* : avarice sordide (forme actuelle du mot : *vilenie*). Voir aussi p. 30, note 3; 2. Je ne suis pas incliné à commettre des actions qui pourraient me conduire au gibet (latin *patibulum*, gibet); 3. *Galanteries* : ici intrigues, fourberies; 4. L'échelle du gibet; 5. Réflexion qui prépare le spectateur au vol de la cassette par La Flèche (acte IV); 6. Aucun danger, aucun risque à courir; 7. *Son homme* : son représentant, son mandataire.

——— QUESTIONS ———

6. SUR L'ENSEMBLE DE LA SCÈNE PREMIÈRE. — Le spectateur a-t-il deviné que l'usurier était Harpagon lui-même? Pourquoi Cléante et La Flèche n'ont-ils alors aucun soupçon de la vérité?
— Quelle perspective nouvelle est ouverte ici sur les activités d'Harpagon? Relevez tous les traits de la personnalité d'Harpagon qui sont connus jusqu'ici : comment Molière donne-t-il à son personnage sa réalité psychologique et sociale?

que sa famille est fort riche, qu'il n'a plus de mère déjà, et qu'il s'obligera, si vous voulez, que son père mourra avant qu'il soit huit mois. (7)

HARPAGON. — C'est quelque chose que cela. La charité, maître Simon, nous oblige à faire plaisir aux personnes lorsque nous le pouvons. (8)

MAITRE SIMON. — Cela s'entend.

LA FLÈCHE, *bas à Cléante.* — Que veut dire ceci? Notre maître Simon qui parle à votre père!

CLÉANTE, *bas à La Flèche.* — Lui aurait-on appris qui je suis? et serais-tu pour nous trahir[1]?

MAITRE SIMON. — Ah! ah! vous êtes bien pressés! Qui vous a dit que c'était céans[2]? *(A Harpagon.)* Ce n'est pas moi, monsieur, au moins, qui leur ai découvert votre nom et votre logis. Mais, à mon avis, il n'y a pas grand mal à cela : ce sont des personnes discrètes, et vous pouvez ici vous expliquer ensemble. (9)

HARPAGON. — Comment?

MAITRE SIMON. — Monsieur est la personne qui veut vous emprunter les quinze mille livres dont je vous ai parlé.

HARPAGON. — Comment! pendard, c'est toi qui t'abandonnes à ces coupables extrémités?

CLÉANTE. — Comment! mon père, c'est vous qui vous portez à ces honteuses actions!

(Maître Simon et La Flèche sortent.)

HARPAGON. — C'est toi qui te veux ruiner par des emprunts si condamnables!

CLÉANTE. — C'est vous qui cherchez à vous enrichir par des usures si criminelles!

HARPAGON. — Oses-tu bien, après cela, paraître devant moi?

---

1. Serais-tu homme à nous trahir? 2. *Céans* : ici, dans cette maison.

--- **QUESTIONS** ---

7. Le sentiment du spectateur pendant ce début de scène?
8. Valeur comique de cette réflexion d'Harpagon. Quelle symétrie s'établit entre cette scène et la scène précédente entre Cléante et La Flèche?
9. Par quel artifice Molière provoque-t-il la scène attendue entre le père et le fils? La méprise de maître Simon est-elle vraisemblable?

CLÉANTE. — Osez-vous bien, après cela, vous présenter aux yeux du monde?

HARPAGON. — N'as-tu point de honte, dis-moi, d'en venir à ces débauches-là, de te précipiter dans des dépenses effroyables et de faire une honteuse dissipation du bien que tes parents t'ont amassé avec tant de sueurs?

CLÉANTE. — Ne rougissez-vous point de déshonorer votre condition par les commerces que vous faites, de sacrifier gloire[1] et réputation au désir insatiable d'entasser écu sur écu et de renchérir, en fait d'intérêts, sur les plus infâmes subtilités qu'aient jamais inventées les plus célèbres usuriers?

HARPAGON. — Ote-toi de mes yeux, coquin, ôte-toi de mes yeux!

CLÉANTE. — Qui est plus criminel, à votre avis, ou celui qui achète un argent dont il a besoin, ou bien celui qui vole un argent dont il n'a que faire? (10)

HARPAGON. — Retire-toi, te dis-je, et ne m'échauffe pas les oreilles. (Seul.) Je ne suis pas fâché de cette aventure, et ce m'est un avis de tenir l'œil plus que jamais sur toutes ses actions[2]. (11) (12)

SCÈNE III. — FROSINE, HARPAGON.

FROSINE. — Monsieur...

HARPAGON. — Attendez un moment. Je vais revenir vous parler. (A part.) Il est à propos que je fasse un petit tour à mon argent.

---

1. *Gloire* : bonne renommée; 2. Cette rencontre d'un fils emprunteur et d'un père usurier se trouve dans *la Belle Plaideuse* de Boisrobert (acte premier, scène VIII).

━━━━━━ **QUESTIONS** ━━━━━━

10. Dans la pièce de Boisrobert, le fils était tout penaud en présence de son père : pourquoi le Cléante de Molière tient-il tête à Harpagon? Par quel effet de style cette révolte est-elle rendue plus sensible? — Pourquoi Harpagon n'a-t-il pas le droit de faire à Cléante les reproches que tout autre père pourrait faire à son fils?

11. Cette dernière réplique n'est-elle pas la plus belle preuve de l'inconscience d'Harpagon?

12. SUR L'ENSEMBLE DE LA SCÈNE II. — Harpagon est-il un usurier de profession? Pourquoi s'entoure-t-il de tant de précautions?

— Peut-on dire que cette scène soit un coup de théâtre? L'intérêt psychologique ne l'emporte-t-il pas sur le comique de la situation?

— Dans quelle mesure cette scène fait-elle progresser l'action?

— En quoi cette altercation entre le père et le fils a-t-elle donné des arguments à ceux qui trouvent du tragique dans Molière?

Acte premier, scène IV.
ÉLISE, HARPAGON,
CLÉANTE

« Cela est étrange que mes
propres enfants me trahissent
et deviennent mes ennemis. »

Phot. Lipnitzki.

Acte II, scène V.

HARPAGON ET FROSINE

Harpagon. — Comment va notre affaire?

Phot. Agnès Varda.

Scène IV. — LA FLÈCHE, FROSINE.

LA FLÈCHE. — L'aventure est tout à fait drôle. Il faut bien qu'il ait quelque part un ample magasin de hardes[1], car nous n'avons rien reconnu au mémoire que nous avons.

FROSINE. — Hé! c'est toi, mon pauvre La Flèche! D'où vient cette rencontre?

LA FLÈCHE. — Ah! ah! c'est toi, Frosine! Que viens-tu faire ici?

FROSINE. — Ce que je fais partout ailleurs : m'entremettre d'affaires, me rendre serviable aux gens et profiter du mieux qu'il m'est possible des petits talents que je puis avoir. Tu sais que dans ce monde il faut vivre d'adresse, et qu'aux personnes comme moi le ciel n'a donné d'autres rentes que l'intrigue et que l'industrie[2].

LA FLÈCHE. — As-tu quelque négoce[3] avec le patron du logis?

FROSINE. — Oui, je traite pour lui quelque petite affaire dont j'espère récompense.

LA FLÈCHE. — De lui? Ah! ma foi, tu seras bien fine si tu en tires quelque chose, et je te donne avis que l'argent céans[4] est fort cher.

FROSINE. — Il y a de certains services qui touchent merveilleusement.

LA FLÈCHE. — Je suis votre valet[5], et tu ne connais pas encore le seigneur Harpagon. Le seigneur Harpagon est de tous les humains l'humain le moins humain, le mortel de tous les mortels le plus dur et le plus serré. Il n'est point de service qui pousse sa reconnaissance jusqu'à lui faire ouvrir les mains. De la louange, de l'estime, de la bienveillance en paroles et de l'amitié, tant qu'il vous plaira; mais de l'argent, point d'affaires. Il n'est rien de plus sec et de plus aride que ses bonnes grâces et ses caresses, et *donner* est un mot pour qui il a tant d'aversion qu'il ne dit jamais : *Je vous donne*, mais : *Je vous prête le bonjour*.

---

1. *Hardes :* voir page 46, note 1; 2. *Industrie :* habileté à trouver les moyens propres à obtenir le résultat qu'on cherche; 3. *Négoce :* au sens général d'« affaire »; 4. *Céans :* voir page 49, note 2; 5. Expression traditionnelle de déférence et de politesse, mais qui prend une valeur comique dans la bouche d'un véritable valet comme La Flèche.

FROSINE. — Mon Dieu, je sais l'art de traire[1] les hommes. J'ai le secret de m'ouvrir leur tendresse, de chatouiller leurs cœurs, de trouver les endroits par où ils sont sensibles. **(13)**

LA FLÈCHE. — Bagatelles ici! Je te défie d'attendrir, du côté de l'argent, l'homme dont il est question. Il est Turc[2] là-dessus, mais d'une turquerie à désespérer tout le monde; et l'on pourrait crever qu'il n'en branlerait[3] pas. En un mot, il aime l'argent plus que réputation, qu'honneur et que vertu, et la vue d'un demandeur lui donne des convulsions. C'est le frapper par son endroit mortel, c'est lui percer le cœur, c'est lui arracher les entrailles; et si... Mais il revient, je me retire. **(14) (15)**

Scène V. — HARPAGON, FROSINE.

HARPAGON, *bas.* — Tout va comme il faut. *(Haut.)* Hé bien! qu'est-ce, Frosine?

FROSINE. — Ah! mon Dieu! que vous vous portez bien! et que vous avez là un vrai visage de santé!

HARPAGON. — Qui? moi?

FROSINE. — Jamais je ne vous vis un teint si frais et si gaillard.

HARPAGON. — Tout de bon?

FROSINE. — Comment! vous n'avez de votre vie été si jeune que vous êtes, et je vois des gens de vingt-cinq ans qui sont plus vieux que vous.

HARPAGON. — Cependant, Frosine, j'en ai soixante bien comptés.

---

1. *Traire les hommes :* tirer des hommes tout ce qu'on veut, et surtout de l'argent (cf. l'expression *faire de quelqu'un sa vache à lait*); 2. Les Turcs, dont les invasions restaient toujours menaçantes, sont alors encore considérés comme des infidèles et des barbares, éternels ennemis de la civilisation chrétienne; d'où les expressions péjoratives du langage populaire; 3. Qu'il ne bougerait pas, qu'il ne serait pas touché.

QUESTIONS

13. Le langage de Frosine ne révèle-t-il pas son caractère en même temps que ses activités? Est-il surprenant qu'un tel personnage ait ses entrées chez Harpagon?
14. Analysez l'art du portrait dans les deux tirades de La Flèche. Apprenons-nous du nouveau sur Harpagon?
15. SUR L'ENSEMBLE DE LA SCÈNE IV. — Molière utilise-t-il habilement cette scène de transition?

FROSINE. — Hé bien! qu'est-ce que cela, soixante ans? Voilà bien de quoi[1]. C'est la fleur de l'âge, cela, et vous entrez maintenant dans la belle saison de l'homme.

HARPAGON. — Il est vrai; mais vingt années de moins pourtant ne me feraient point de mal, que je crois[2].

FROSINE. — Vous moquez-vous? Vous n'avez pas besoin de cela, et vous êtes d'une pâte à vivre jusques à cent ans.

HARPAGON. — Tu le crois?

FROSINE. — Assurément. Vous en avez toutes les marques. Tenez-vous un peu. O que voilà bien là, entre vos deux yeux, un signe de longue vie!

HARPAGON. — Tu te connais à cela?

FROSINE. — Sans doute. Montrez-moi votre main. Ah! mon Dieu! quelle ligne de vie!

HARPAGON. — Comment?

FROSINE. — Ne voyez-vous pas jusqu'où va cette ligne-là[3]?

HARPAGON. — Hé bien! qu'est-ce que cela veut dire?

FROSINE. — Par ma foi, je disais cent ans, mais vous passerez les six-vingts[4].

HARPAGON. — Est-il possible?

FROSINE. — Il faudra vous assommer, vous dis-je, et vous mettrez en terre et vos enfants et les enfants de vos enfants.

HARPAGON. — Tant mieux! (16) Comment va notre affaire?

FROSINE. — Faut-il le demander? et me voit-on mêler[5] de rien dont je ne vienne à bout? J'ai surtout pour les mariages un talent merveilleux. Il n'est point de parti au monde que je ne trouve en peu de temps le moyen d'accoupler, et je crois,

---

1. Il n'y a pas de quoi s'inquiéter; ce n'est pas grand-chose; 2. A ce que je crois; 3. Il y a peut-être là un souvenir d'une comédie de l'Arioste, *les Supposés (I Suppositi)*, dans laquelle un flatteur s'érige en chiromancien pour prédire à un vieillard une longévité exceptionnelle (acte premier, scène II); 4. *Six-vingts :* cent vingt. Cette manière de compter par vingtaines n'a survécu que dans *quatre-vingts;* 5. Me voit-on *me* mêler. On trouve souvent au XVIIᵉ siècle cette ellipse du pronom réfléchi devant un infinitif précédé par un autre verbe.

■ QUESTIONS

16. Étudiez dans cette première partie de la scène l'art de développer un thème comique. — Pouvait-on s'attendre qu'Harpagon soit sensible à des flatteries de ce genre? Son *Tant mieux* ne révèle-t-il pas la cause profonde de son attitude? — En quoi la satisfaction d'Harpagon, d'habitude si peu enclin à la gaieté, est-elle ridicule?

si je me l'étais mis en tête, que je marierais le Grand Turc avec la République de Venise[1]. Il n'y avait pas sans doute de si grandes difficultés à cette affaire-ci. Comme j'ai commerce chez elles[2], je les ai à fond l'une et l'autre entretenues de vous, et j'ai dit à la mère le dessein que vous aviez conçu pour Mariane, à la voir passer dans la rue et prendre l'air à sa fenêtre.

HARPAGON. — Qui a fait réponse...

FROSINE. — Elle a reçu la proposition avec joie; et, quand je lui ai témoigné que vous souhaitiez fort que sa fille assistât ce soir au contrat de mariage qui se doit faire de la vôtre, elle y a consenti sans peine et me l'a confiée pour cela.

HARPAGON. — C'est que je suis obligé, Frosine, de donner à souper[3] au seigneur Anselme, et je serai bien aise qu'elle soit du régal.

FROSINE. — Vous avez raison. Elle doit, après dîner, rendre visite à votre fille, d'où elle fait son compte d'aller faire un tour à la foire[4], pour venir ensuite au souper.

HARPAGON. — Eh bien! elles iront ensemble dans mon carrosse que je leur prêterai.

FROSINE. — Voilà justement son affaire. (17)

HARPAGON. — Mais, Frosine, as-tu entretenu la mère touchant le bien qu'elle peut donner à sa fille? Lui as-tu dit qu'il fallait qu'elle s'aidât un peu, qu'elle fît quelque effort, qu'elle se saignât pour une occasion comme celle-ci? Car encore n'épouse-t-on point une fille sans qu'elle apporte quelque chose.

FROSINE. — Comment! c'est une fille qui vous apportera douze mille livres de rente.

---

1. Souvenir du *Tiers Livre*, de Rabelais. Au chapitre XLI, Perrin Dandin se fait fort de rétablir la paix « entre le Grand Roi et les Vénitiens, [...], entre le Turc et le Sophi ». La République de Venise, très puissante encore, avait été, au cours des siècles précédents, le principal adversaire de l'expansion turque en Méditerranée orientale; parfois victorieuse (bataille de Lépante, 1571), elle n'avait pu cependant empêcher l'annexion de Chypre, de la Morée, de la Dalmatie par l'Empire ottoman; 2. Je suis en relations avec elles; 3. Le *souper* est le repas du soir; le *dîner* le repas de midi; 4. Une des deux grandes foires de Paris, la foire Saint-Germain (du 3 février au dimanche des Rameaux) ou la foire Saint-Laurent (du 28 juin au 30 septembre).

QUESTIONS

17. Comment Frosine fait-elle valoir ses services? Qu'a-t-elle réellement obtenu de Mariane?

HARPAGON. — Douze mille livres de rente?

FROSINE. — Oui. Premièrement, elle est nourrie et élevée dans une grande épargne de bouche[1]. C'est une fille accoutumée à vivre de salade, de lait, de fromage et de pommes, et à laquelle par conséquent il ne faudra ni table bien servie ni consommés exquis, ni orges mondés[2] perpétuels, ni les autres délicatesses qu'il faudrait pour une autre femme; et cela ne va pas à si peu de chose qu'il ne monte bien tous les ans à trois mille francs pour le moins. Outre cela, elle n'est curieuse[3] que d'une propreté[4] fort simple, et n'aime point les superbes habits, ni les riches bijoux, ni les meubles somptueux, où donnent ses pareilles avec tant de chaleur; et cet article-là vaut plus de quatre mille livres par an. De plus, elle a une aversion horrible pour le jeu, ce qui n'est pas commun aux femmes d'aujourd'hui; et j'en sais une de nos quartiers qui a perdu, à trente et quarante[5], vingt mille francs cette année! Mais n'en prenons rien que le quart. Cinq mille francs au jeu par an, et quatre mille francs en habits et bijoux, cela fait neuf mille livres; et mille écus que nous mettons pour la nourriture, ne voilà-t-il pas par année vos douze mille francs bien comptés[6]? **(18)**

HARPAGON. — Oui, cela n'est pas mal; mais ce compte-là n'est rien de réel.

FROSINE. — Pardonnez-moi. N'est-ce pas quelque chose de réel que de vous apporter en mariage une grande sobriété, l'héritage d'un grand amour de simplicité de parure, et l'acquisition d'un grand fonds de haine pour le jeu?

---

1. Economie de nourriture; 2. *Orges mondés* : grains d'orge dépouillés par la meule de leur enveloppe et employés par les dames, dit Furetière, « pour se conserver le teint frais et s'engraisser »; 3. *Curieuse* : soucieuse; 4. *Propreté* : élégance; 5. *Trente et quarante* : jeu de hasard qui se joue avec des cartes; c'est un jeu de banque; celui qui amène le plus près de trente gagne; à trente et un il gagne double; à quarante, il perd double (Littré). On sait qu'à l'époque de Molière la passion du jeu était très répandue et sévissait particulièrement parmi les femmes; 6. Cette idée que les habitudes d'économie d'une jeune fille pauvre valent mieux qu'une dot se trouve dans l'*Aulularia* de Plaute (III, v, 431-491).

======== **QUESTIONS** ========

18. Effet comique de cette tirade. Comment la nature et l'éducation ont-elles formé Mariane à être l'épouse idéale pour Harpagon? — Le vocabulaire de Frosine : quels mots sont destinés à frapper l'attention d'Harpagon? — La précision avec laquelle Frosine établit son calcul n'est-elle pas propre à satisfaire Harpagon?

HARPAGON. — C'est une raillerie que de vouloir me considérer son dot[1] de toutes les dépenses qu'elle ne fera point.
Je n'irai pas donner quittance de ce que je ne reçois pas,
et il faut bien que je touche quelque chose.

FROSINE. — Mon Dieu! vous toucherez assez, et elles m'ont
parlé d'un certain pays où elles ont du bien dont vous serez
le maître. **(19)**

HARPAGON. — Il faudra voir cela. Mais Frosine, il y a
encore une chose qui m'inquiète. La fille est jeune, comme
tu vois, et les jeunes gens d'ordinaire n'aiment que leurs
semblables, ne cherchent que leur compagnie. J'ai peur qu'un
homme de mon âge ne soit pas de son goût, et que cela ne
vienne à produire chez moi certains petits désordres qui
ne m'accommoderaient pas. **(20)**

FROSINE. — Ah! que vous la connaissez mal! C'est encore
une particularité que j'avais à vous dire. Elle a une aversion
épouvantable pour tous les jeunes gens et n'a de l'amour
que pour les vieillards.

HARPAGON. — Elle?

FROSINE. — Oui, elle. Je voudrais que vous l'eussiez entendue parler là-dessus. Elle ne peut souffrir du tout la vue
d'un jeune homme; mais elle n'est point plus ravie, dit-elle,
que lorsqu'elle peut voir un beau vieillard avec une barbe
majestueuse. Les plus vieux sont pour elle les plus char-
mants, et je vous avertis de n'aller pas vous faire plus jeune
que vous êtes. Elle veut tout au moins qu'on soit sexagénaire;
et il n'y a pas quatre mois encore qu'étant prête[2] d'être
mariée, elle rompit tout net le mariage sur ce que son amant[3]

---

1. Au XVIIᵉ siècle, le genre du mot *dot* n'est pas encore bien fixé. Vaugelas le
fait masculin; Ménage, Furetière et l'Académie française le font féminin; 2. Dans
le sens de « disposé à, sur le point de », les écrivains du XVIIᵉ siècle emploient
souvent *prêt de*, tandis que l'usage moderne impose *près de* ou *prêt à*; 3. *Amant* :
amoureux, fiancé.

■ QUESTIONS

19. Frosine a-t-elle réussi à convaincre Harpagon? Comment essaie-
t-elle de remédier à son échec?

20. Harpagon, vieillard amoureux, est-il conscient des inconvénients
que présente le mariage avec une femme beaucoup plus jeune que lui?
Tirez-en une conclusion sur son caractère. — Connaissez-vous d'autres personnages de Molière qui, dans la même situation, éprouvent
la même crainte?

fit voir qu'il n'avait que cinquante-six ans, et qu'il ne prit point de lunettes pour signer le contrat.

HARPAGON. — Sur cela seulement?

FROSINE. — Oui. Elle dit que ce n'est pas contentement pour elle que cinquante-six ans, et surtout elle est pour les nez qui portent des lunettes.

HARPAGON. — Certes, tu me dis là une chose toute nouvelle.

FROSINE. — Cela va plus loin qu'on ne vous peut dire. On lui voit dans sa chambre quelques tableaux et quelques estampes; mais que pensez-vous que ce soit? Des Adonis[1]? des Céphales[2]? des Pâris[3] et des Apollons[4]? Non. De beaux portraits de Saturne[5], du roi Priam[6], du vieux Nestor[7], et du bon père Anchise[8], sur les épaules de son fils.

HARPAGON. — Cela est admirable! Voilà ce que je n'aurais jamais pensé, et je suis bien aise d'apprendre qu'elle est de cette humeur. En effet, si j'avais été femme, je n'aurais point aimé les jeunes hommes.

FROSINE. — Je le crois bien. Voilà de belles drogues[9] que des jeunes gens, pour les aimer! Ce sont de beaux morveux, de beaux godelureaux[10], pour donner envie de leur peau! et je voudrais bien savoir quel ragoût[11] il y a à eux!

HARPAGON. — Pour moi, je n'y en comprends point, et je ne sais pas comment il y a des femmes qui les aiment tant.

FROSINE. — Il faut être folle fieffée[12]. Trouver la jeunesse aimable! Est-ce avoir le sens commun? Sont-ce des hommes que de jeunes blondins? et peut-on s'attacher à ces animaux-là?

HARPAGON. — C'est ce que je dis tous les jours, avec leur ton de poule laitée[13] et leurs trois petits brins de barbe relevés

1. *Adonis* : dieu du printemps représenté sous les traits d'un beau jeune homme; 2. *Céphale* : héros mythologique, époux de Procris, célèbre par sa beauté; 3. *Pâris* : fils de Priam, qui enleva Hélène et causa la guerre de Troie; 4. *Apollon* : dieu du jour et de la poésie, d'une beauté parfaite; 5. *Saturne* : père de Jupiter, représenté sous les traits d'un vieillard; 6. *Priam* : le vieux roi de Troie; 7. *Nestor* : un des chefs grecs dans la guerre de Troie, respecté pour son grand âge et sa sagesse; 8. *Anchise* : père d'Énée, que son fils emporta sur ses épaules après la ruine de Troie; 9. *Drogues* : remèdes (au sens le plus général); 10. *Godelureau* : jeune homme élégant et fat; 11. *Ragoût* : agrément; 12. *Folle fieffée* : complètement folle. « Dans le langage familier, *fieffé* se joint à une appellation injurieuse qu'il renforce, comme si cette appellation était un fief dont on décore la personne » (Littré); 13. Expression employée au figuré pour désigner un homme faible et efféminé

en barbe de chat, leurs perruques d'étoupes[1], leurs hauts-de-chausses tout tombants[2] et leurs estomacs débraillés[3].

FROSINE. — Et cela est bien bâti auprès d'une personne comme vous! Voilà un homme cela! Il y a là de quoi satisfaire à la vue, et c'est ainsi qu'il faut être fait et vêtu pour donner de l'amour.

HARPAGON. — Tu me trouves bien?

FROSINE. — Comment! vous êtes à ravir, et votre figure est à peindre. Tournez-vous un peu, s'il vous plaît. Il ne se peut pas mieux. Que je vous voie marcher. Voilà un corps taillé, libre et dégagé comme il faut, et qui ne marque aucune incommodité.

HARPAGON. — Je n'en ai pas de grandes, Dieu merci! Il n'y a que ma fluxion[4] qui me prend de temps en temps.

FROSINE. — Cela n'est rien. Votre fluxion ne vous sied point mal, et vous avez grâce à tousser.

HARPAGON. — Dis-moi un peu, Mariane ne m'a-t-elle point encore vu? n'a-t-elle point pris garde à moi en passant?

FROSINE. — Non. Mais nous nous sommes fort entretenues de vous. Je lui ai fait un portrait de votre personne, et je n'ai pas manqué de lui vanter votre mérite et l'avantage que ce lui serait d'avoir un mari comme vous.

HARPAGON. — Tu as bien fait, et je t'en remercie. (21)

FROSINE. — J'aurais, monsieur, une petite prière à vous faire. *(Il prend un air sévère.)* J'ai un procès que je suis sur le point de perdre, faute d'un peu d'argent, et vous pourriez facilement me procurer le gain de ce procès si vous aviez quelque bonté pour moi. Vous ne sauriez croire le plaisir qu'elle aura de vous voir. *(Il prend un air gai.)* Ah! que vous lui plairez! et que votre fraise[5] à l'antique fera sur son esprit

1. Blondes comme de l'étoupe; le blond était la couleur à la mode pour les perruques; 2. Voir acte premier, scène III (page 29, note 4), la réflexion faite par Harpagon à La Flèche à ce sujet; 3. La mode était de faire bouffer la chemise sous la veste entrouverte au-dessus de la ceinture; 4. Molière souvent oppressé par des quintes de toux incorpore sa propre infirmité dans le rôle d'Harpagon; 5. *Fraise :* collerette de toile plate ou tuyautée portée au temps d'Henri IV et depuis longtemps passée de mode.

──────── QUESTIONS ────────

21. Pourquoi Harpagon, si réaliste dans les questions d'argent, est-il si crédule maintenant? Ce contraste est-il vraisemblable? En quoi consiste ici l'habileté de Frosine? Pourquoi est-elle sûre de reprendre l'avantage?

un effet admirable! Mais surtout elle sera charmée de votre haut-de-chausses attaché au pourpoint avec des aiguillettes[1]. C'est pour la rendre folle de vous, et un amant aiguilleté sera pour elle un ragoût merveilleux.

HARPAGON. — Certes, tu me ravis de me dire cela.

FROSINE. — En vérité, monsieur, ce procès m'est d'une conséquence tout à fait grande. *(Il reprend son visage sévère.)* Je suis ruinée si je le perds, et quelque petite assistance me rétablirait mes affaires. Je voudrais que vous eussiez vu le ravissement où elle était à m'entendre parler de vous. *(Il reprend un air gai.)* La joie éclatait dans ses yeux au récit de vos qualités, et je l'ai mise enfin dans une impatience extrême de voir ce mariage entièrement conclu. **(22)**

HARPAGON. — Tu m'as fait grand plaisir, Frosine, et je t'en ai, je te l'avoue, toutes les obligations du monde.

FROSINE. — Je vous prie, monsieur, de me donner le petit secours que je vous demande. *(Il reprend un air sérieux.)* Cela me remettra sur pied, et je vous en serai éternellement obligée.

HARPAGON. — Adieu, je vais achever mes dépêches.

FROSINE. — Je vous assure, monsieur, que vous ne sauriez jamais me soulager dans un plus grand besoin.

HARPAGON. — Je mettrai ordre que mon carrosse soit tout prêt pour vous mener à la foire.

FROSINE. — Je ne vous importunerais pas si je ne m'y voyais forcée par la nécessité.

HARPAGON. — Et j'aurai soin qu'on soupe de bonne heure pour ne vous point faire malades.

FROSINE. — Ne me refusez pas la grâce dont je vous sollicite. Vous ne sauriez croire, monsieur, le plaisir que...

---

1. Par économie, Harpagon se contente d'aiguillettes sans y ajouter les rubans prescrits par la mode (voir la remarque faite à Cléante à ce sujet, acte premier, scène IV, page 34 et note 6).

QUESTIONS

22. Croyez-vous que Frosine ait vraiment besoin d'argent? Que représenterait pour elle une victoire sur Harpagon? — Comment les jeux de physionomie d'Harpagon mettent-ils en relief la tactique de Frosine?

HARPAGON. — Je m'en vais. Voilà qu'on m'appelle. Jusqu'à tantôt. **(23)**

FROSINE, *seule*. — Que la fièvre te serre, chien de vilain[1], à tous les diables! Le ladre a été ferme à toutes mes attaques; mais il ne me faut pas pourtant quitter la négociation, et j'ai l'autre côté, en tout cas, d'où je suis assurée de tirer bonne récompense. **(24) (25)**

ACTE III

Scène première. — HARPAGON, CLÉANTE, ÉLISE, VALÈRE, DAME CLAUDE, MAITRE JACQUES, BRINDAVOINE, LA MERLUCHE.

HARPAGON. — Allons, venez çà[2] tous, que je vous distribue mes ordres pour tantôt et règle à chacun son emploi. Approchez, dame Claude. Commençons par vous. *(Elle tient un balai.)* Bon, vous voilà les armes à la main. Je vous commets au soin[3] de nettoyer partout, et surtout prenez garde de ne point frotter les meubles trop fort, de peur de les user. Outre cela, je vous constitue[4], pendant le souper, au gouvernement des bouteilles; et, s'il s'en écarte quelqu'une et qu'il se casse

---

1. *Vilain* : voir page 30, note 3; 2. *Çà :* adverbe de lieu employé dans le sens de « ici » avec les verbes de mouvement; 3. Je vous confie le soin; 4. *Constituer :* ici, établir officiellement dans une fonction. L'expression a une certaine solennité.

▶ QUESTIONS ◀

23. Harpagon peut-il se débarrasser brusquement de Frosine? Comment s'y prend-il pour rompre l'entretien sans cependant céder à ses prières?

24. SUR L'ENSEMBLE DE LA SCÈNE V. — Étudiez la composition et le mouvement de cette scène. Dans quelle mesure fait-elle avancer l'action?

— Les ridicules du vieillard amoureux chez Harpagon : comment ses projets de mariage peuvent-ils se concilier avec son avarice, qui devrait le détourner de son dessein?

25. SUR L'ENSEMBLE DE L'ACTE II. — Comment s'est enrichie au cours de cet acte l'image que nous avons de la personnalité d'Harpagon? N'est-il pas significatif qu'il ait, parmi ses familiers, des gens de moralité douteuse comme maître Simon et Frosine?

— Est-il naturel qu'Harpagon, si réaliste quand il s'agit d'affaires, soit aussi naïf quand il s'agit de son mariage? Applique-t-il d'autre part les mêmes principes quand il s'agit de son propre mariage et quand il s'agit de celui de ses enfants?

— Comment est ménagée la continuité de l'action, qui repose essentiellement sur l'opposition croissante entre Cléante et son père?

L'AVARE À LA COMÉDIE-FRANÇAISE

Harpagon (G. Chamarat) et maître Jacques (C. Arnaud).

quelque chose, je m'en prendrai à vous et le rabattrai sur vos gages.

MAITRE JACQUES, *à part.* — Châtiment politique[1].

HARPAGON. — Allez... Vous, Brindavoine, et vous, La Merluche, je vous établis dans la charge de rincer les verres et de donner à boire, mais seulement lorsque l'on aura soif, et non pas selon la coutume de certains impertinents[2] de laquais qui viennent provoquer les gens et les faire aviser de boire lorsqu'on n'y songe pas. Attendez qu'on vous en demande plus d'une fois, et vous ressouvenez de porter toujours beaucoup d'eau. **(1)**

MAITRE JACQUES, *à part.* — Oui; le vin pur monte à la tête.

LA MERLUCHE. — Quitterons-nous nos siquenilles[3], monsieur?

HARPAGON. — Oui, quand vous verrez venir les personnes; et gardez bien de gâter vos habits.

BRINDAVOINE. — Vous savez bien, monsieur, qu'un des devants de mon pourpoint[4] est couvert d'une grande tache de l'huile de la lampe.

LA MERLUCHE. — Et, moi, monsieur, que j'ai mon haut-de-chausses[5] tout troué par-derrière, et qu'on me voit, révérence parler[6]...

HARPAGON. — Paix! Rangez cela adroitement du côté de la muraille, et présentez toujours le devant au monde. (*Harpagon met son chapeau au-devant de son pourpoint pour montrer à Brindavoine comment il doit faire pour cacher la tache d'huile.*) Et vous, tenez toujours votre chapeau ainsi, lorsque vous servirez. **(2)** (*S'adressant à Elise.*) Pour vous, ma fille,

---

1. *Politique* : conforme aux intérêts de celui qui punit; 2. *Impertinent* : qui fait ce qu'il ne convient pas de faire; d'où le sens d'« insolent »; 3. *Siquenilles* (déformation de *souquenilles*) : vêtement de toile que le valet porte sur sa livrée pour la protéger; 4. *Pourpoint* : vêtement qui couvre le haut du corps, du cou à la ceinture; 5. *Haut-de-chausses* : voir page 29, note 4; 6. En vous parlant avec tout le respect que je vous dois.

━━━━━━━ ■ **QUESTIONS** ━━━━━━━

1. Le vocabulaire d'Harpagon, maître de maison. Quel rôle veut-il jouer en face de ses domestiques? Ses recommandations s'accordent-elles à son ton autoritaire?

2. Qu'apprend-on ici sur la manière dont Harpagon tient son ménage? En a-t-il honte?

vous aurez l'œil sur ce que l'on desservira, et prendrez garde qu'il ne s'en fasse aucun dégât. Cela sied bien aux filles. Mais cependant préparez-vous à bien recevoir ma maîtresse[1], qui vous doit venir visiter et vous mener avec elle à la foire. Entendez-vous ce que je vous dis?

ÉLISE. — Oui, mon père.

HARPAGON. — Et vous, mon fils, le damoiseau[2], à qui j'ai la bonté de pardonner l'histoire de tantôt, ne vous allez pas aviser non plus de lui faire mauvais visage.

CLÉANTE. — Moi, mon père? mauvais visage? Et par quelle raison?

HARPAGON. — Mon Dieu, nous savons le train[3] des enfants dont les pères se remarient, et de quel œil ils ont coutume de regarder ce qu'on appelle belle-mère. Mais, si vous souhaitez que je perde le souvenir de votre dernière fredaine, je vous recommande surtout de régaler d'un bon visage[4] cette personne-là, et de lui faire enfin tout le meilleur accueil qu'il vous sera possible.

CLÉANTE. — A vous dire le vrai, mon père, je ne puis pas vous promettre d'être bien aise qu'elle devienne ma belle-mère. Je mentirais si je vous le disais; mais pour ce qui est de la bien recevoir et de lui faire bon visage, je vous promets de vous obéir ponctuellement sur ce chapitre.

HARPAGON. — Prenez-y garde au moins.

CLÉANTE. — Vous verrez que vous n'aurez pas sujet de vous en plaindre. (3)

HARPAGON. — Vous ferez sagement. Valère, aide-moi à ceci. Oh çà, maître Jacques, approchez-vous; je vous ai gardé pour le dernier. (4)

---

1. *Maîtresse* : la jeune fille aimée, celle qui est la « maîtresse de notre cœur » (sens général dans le langage amoureux du XVIIᵉ siècle). Ici la fiancée d'Harpagon; 2. *Damoiseau* : cf. page 37, note 1; 3. *Le train* : la façon d'agir; 4. Faire bonne mine. *Régaler* s'emploie souvent alors au sens figuré même dans le style noble.

■ QUESTIONS ■

3. Définissez la situation comique sur laquelle Molière joue ici. Le sentiment du spectateur : comparez-le à ce qu'il était à la scène II de l'acte II.

4. Pourquoi tant de précautions avant de s'adresser à maître Jacques?

MAITRE JACQUES. — Est-ce à votre cocher, monsieur, ou bien à votre cuisinier que vous voulez parler? car je suis l'un et l'autre.

HARPAGON. — C'est à tous les deux.

MAITRE JACQUES. — Mais à qui des deux le premier?

HARPAGON. — Au cuisinier.

MAITRE JACQUES. — Attendez donc, s'il vous plaît.

(Il ôte sa casaque de cocher et paraît vêtu en cuisinier.)

HARPAGON. — Quelle diantre de cérémonie est-ce là? **(5)**

MAITRE JACQUES. — Vous n'avez qu'à parler.

HARPAGON. — Je me suis engagé, maître Jacques, à donner ce soir à souper.

MAITRE JACQUES. — Grande merveille!

HARPAGON. — Dis-moi un peu, nous feras-tu bonne chère?

MAITRE JACQUES. — Oui, si vous me donnez bien de l'argent.

HARPAGON. — Que diable! toujours de l'argent! Il semble qu'ils n'aient autre chose à dire : de l'argent, de l'argent, de l'argent! Ah! ils n'ont que ce mot à la bouche, de l'argent! Toujours parler d'argent! Voilà leur épée de chevet[1], de l'argent!

VALÈRE. — Je n'ai jamais vu de réponse plus impertinente[2] que celle-là. Voilà une belle merveille que de faire bonne chère avec bien de l'argent! C'est une chose la plus aisée du monde, et il n'y a si pauvre esprit qui n'en fît[3] bien autant; mais, pour agir en habile homme, il faut parler de faire bonne chère avec peu d'argent.

MAITRE JACQUES. — Bonne chère avec peu d'argent?

VALÈRE. — Oui.

---

1. Ce qu'ils veulent avoir toujours sous la main, comme l'épée placée près du lit pendant la nuit pour se défendre en cas d'attaque; **2.** *Impertinente :* voir page 62, note 1 ; **3.** L'imparfait du subjonctif, après une proposition principale au présent de l'indicatif, s'explique par l'idée de conditionnel qui se trouve impliquée dans cette proposition (il ne *pourrait* y avoir si pauvre esprit).

——————— **QUESTIONS** ———————

5. Cette « cérémonie » de maître Jacques ne constitue-t-elle qu'un comique de geste?

MAITRE JACQUES. — Par ma foi, monsieur l'intendant, vous nous obligerez de nous faire voir ce secret, et de prendre mon office de cuisinier : aussi bien vous mêlez-vous céans[1] d'être le factoton[2]. **(6)**

HARPAGON. — Taisez-vous. Qu'est-ce qu'il nous faudra?

MAITRE JACQUES. — Voilà monsieur votre intendant qui vous fera bonne chère pour peu d'argent.

HARPAGON. — Haye! Je veux que tu me répondes.

MAITRE JACQUES. — Combien serez-vous de gens à table?

HARPAGON. — Nous serons huit ou dix; mais il ne faut prendre que huit. Quand il y a à manger pour huit, il y en a bien pour dix.

VALÈRE. — Cela s'entend[3].

MAITRE JACQUES. — Eh bien, il faudra quatre grands potages et cinq assiettes[4]. Potages... Entrées...

HARPAGON. — Que diable! voilà pour traiter toute une ville entière!

MAITRE JACQUES. — Rôt...

HARPAGON, *en lui mettant la main sur la bouche*. — Ah! traître, tu manges tout mon bien!

MAITRE JACQUES. — Entremets...

HARPAGON. — Encore?

VALÈRE. — Est-ce que vous avez envie de faire crever[5] tout le monde? et monsieur a-t-il invité des gens pour les

---

1. *Céans* : voir page 49, note 2; 2. *Factoton* (orthographe conforme à la pronon- ciation du temps pour *factotum*) : celui qui est chargé de faire toutes les besognes dans une maison; 3. Cela se comprend; 4. Il s'agit des assiettes creuses servies entre les principaux plats et garnies d'entrées, de ragoûts; ici, l'édition de 1682 donne le texte suivant, que les acteurs modernes reprennent souvent avec des variantes. MAITRE JACQUES : Potages, bisque, potage de perdrix aux choux verts, potage de santé, potage de canards aux navets. Entrées : fricassée de poulets, tourte de pigeonneaux, ris de veau, boudin blanc et morille. — HARPAGON : Que diable! Voilà pour traiter une ville entière. — MAITRE JACQUES : Rôt, dans un grandissime bassin, en pyramide : une grande longe de veau de rivière, trois faisans, trois poulardes grasses, douze perdreaux, deux douzaines de cailles, trois douzaines d'ortolans...; 5. *Crever* : éclater d'indigestion.

——— QUESTIONS ———

6. Comment se fait-il que maître Jacques prenne au sérieux les affir- mations de Valère? Pourquoi se vexe-t-il? Quelle opinion a-t-il de l'intendant?

assassiner à force de mangeaille? Allez-vous-en lire un peu les préceptes de la santé et demander aux médecins s'il y a rien de plus préjudiciable à l'homme que de manger avec excès.

HARPAGON. — Il a raison.

VALÈRE. — Apprenez, maître Jacques, vous et vos pareils, que c'est un coupe-gorge qu'une table remplie de trop de viandes[1]; que, pour se bien montrer ami de ceux que l'on invite, il faut que la frugalité règne dans les repas qu'on donne, et que, suivant le dire d'un ancien, *il faut manger pour vivre, et non pas vivre pour manger*[2]. (7)

HARPAGON. — Ah! que cela est bien dit! Approche, que je t'embrasse pour ce mot. Voilà la plus belle sentence que j'aie entendue de ma vie. *Il faut vivre pour manger, et non pas manger pour vi...* Non, ce n'est pas cela. Comment est-ce que tu dis? (8)

VALÈRE. — *Qu'il faut manger pour vivre, et non pas vivre pour manger.*

HARPAGON. — Oui. Entends-tu? Qui est le grand homme qui a dit cela?

VALÈRE. — Je ne me souviens pas maintenant de son nom.

HARPAGON. — Souviens-toi de m'écrire ces mots. Je les veux faire graver en lettres d'or sur la cheminée de ma salle.

VALÈRE. — Je n'y manquerai pas. Et, pour votre souper[3], vous n'avez qu'à me laisser faire. Je réglerai tout cela comme il faut.

HARPAGON. — Fais donc.

MAITRE JACQUES. — Tant mieux, j'en aurai moins de peine.

___

1. *Viandes :* mets, aliments, au sens le plus général (du latin *vivenda*); 2. Proverbe cité dans la *Rhétorique à Herennius* (livre IV, chapitre XXVIII), insérée parmi les œuvres de Cicéron; 3. *Souper :* voir page 54, note 3.

___

QUESTIONS

7. Comprend-on maintenant pourquoi Harpagon tient tant à se faire assister de Valère? Celui-ci ne possède-t-il pas un talent qu'Harpagon n'a pas?

8. Définissez le procédé comique utilisé ici. Cherchez un exemple du même effet comique dans *le Bourgeois gentilhomme* (acte III, scène III).

HARPAGON. — Il faudra de ces choses dont on ne mange guère, et qui rassasient d'abord : quelque bon haricot[1] bien gras, avec quelque pâté en pot bien garni de marrons. Là, que cela foisonne. **(9)**

VALÈRE. — Reposez-vous sur moi.

HARPAGON. — Maintenant, maître Jacques, il faut nettoyer mon carrosse.

MAITRE JACQUES. — Attendez. Ceci s'adresse au cocher. *(Il remet sa casaque.)* Vous dites...

HARPAGON. — Qu'il faut nettoyer mon carrosse, et tenir mes chevaux tout prêts pour conduire à la foire.

MAITRE JACQUES. — Vos chevaux, monsieur? Ma foi, ils ne sont point du tout en état de marcher. Je ne vous dirai point qu'ils sont sur la litière[2] : les pauvres bêtes n'en ont point, et ce serait fort mal parler; mais vous leur faites observer des jeûnes si austères que ce ne sont plus rien que des idées[3] ou des fantômes, des façons de chevaux.

HARPAGON. — Les voilà bien malades, ils ne font rien!

MAITRE JACQUES. — Et, pour ne faire rien, monsieur, est-ce qu'il ne faut rien manger? Il leur vaudrait bien mieux, les pauvres animaux, de travailler beaucoup, de manger de même. Cela me fend le cœur de les voir ainsi exténués, car enfin j'ai une tendresse pour mes chevaux, qu'il[4] me semble que c'est moi-même, quand je les vois pâtir; je m'ôte tous les jours pour eux les choses de la bouche, et c'est être, monsieur, d'un naturel trop dur que de n'avoir nulle pitié de son prochain.

HARPAGON. — Le travail ne sera pas grand d'aller jusqu'à la foire.

---

1. *Haricot :* ragoût de mouton. Cet emploi du mot n'a subsisté que dans l'expression *haricot de mouton;* **2.** *Être sur la litière* signifie « être accablé de fatigue », mais cette expression imagée ne peut pas être appliquée aux chevaux d'Harpagon; **3.** *L'idée* est le concept abstrait d'une chose : les chevaux d'Harpagon sont si maigres qu'ils n'ont plus de réalité; **4.** A tel point qu'il me semble.

———— QUESTIONS ————

9. Comment Harpagon concilie-t-il son avarice avec ses obligations de maître de maison? Ses invités pourront-ils dire après un tel repas qu'ils n'ont pas dîné à leur suffisance?

MAITRE JACQUES. — Non, monsieur, je n'ai pas le courage de les mener, et je ferais conscience[1] de leur donner des coups de fouet en l'état où ils sont. Comment voudriez-vous qu'ils traînassent un carrosse, qu'ils[2] ne peuvent pas se traîner eux-mêmes? **(10)**

VALÈRE. — Monsieur, j'obligerai le voisin le Picard[3] à se charger de les conduire : aussi bien nous fera-t-il ici besoin pour apprêter le souper.

MAITRE JACQUES. — Soit. J'aime mieux encore qu'ils meurent sous la main d'un autre que sous la mienne.

VALÈRE. — Maître Jacques fait bien le raisonnable[4].

MAITRE JACQUES. — Monsieur l'intendant fait bien le nécessaire[5].

HARPAGON. — Paix!

MAITRE JACQUES. — Monsieur, je ne saurais souffrir les flatteurs; et je vois que ce qu'il en fait, que ses contrôles perpétuels sur le pain et le vin, le bois, le sel et la chandelle, ne sont rien que pour vous gratter[6] et vous faire sa cour. **(11)** J'enrage de cela, et je suis fâché tous les jours d'entendre ce qu'on dit de vous : car enfin je me sens pour vous de la tendresse, en dépit que j'en aie; et, après mes chevaux, vous êtes la personne que j'aime le plus.

HARPAGON. — Pourrais-je savoir de vous, maître Jacques, ce que l'on dit de moi?

MAITRE JACQUES. — Oui, monsieur, si j'étais assuré que cela ne vous fâchât point.

HARPAGON. — Non, en aucune façon.

MAITRE JACQUES. — Pardonnez-moi, je sais fort bien que je vous mettrais en colère.

---

1. Je me ferais un remords; 2. *Que* a une valeur causale : « puisque »; 3. Les laquais étaient alors désignés souvent par des noms de province. Dans la scène XI des *Précieuses ridicules*, Mascarille appelle, entre autres, Champagne, Picard, Bourguignon, Basque, Lorrain, Provençal; 4. *Raisonnable :* au sens actuel de *raisonneur;* 5. Chercher à se faire passer pour indispensable; 6. *Gratter :* synonyme populaire de *flatter*.

──────── **QUESTIONS** ────────

10. Le vocabulaire de maître Jacques cocher : sa pitié pour ses bêtes est-elle sincère? Est-elle agissante?

11. Maître Jacques ne soupçonne-t-il pas une partie de la vérité?

HARPAGON. — Point du tout; au contraire, c'est me faire plaisir, et je suis bien aise d'apprendre comme on parle de moi. (12)

MAITRE JACQUES. — Monsieur, puisque vous le voulez, je vous dirai franchement qu'on se moque partout de vous; qu'on nous jette de tous côtés cent brocards[1] à votre sujet, et que l'on n'est point plus ravi que de vous tenir au cul et aux chausses[2] et de faire sans cesse des contes de votre lésine. L'un dit que vous faites imprimer des almanachs particuliers où vous faites doubler les quatre-temps et les vigiles, afin de profiter des jeûnes où vous obligez votre monde; l'autre, que vous avez toujours une querelle toute prête à faire à vos valets dans le temps des étrennes ou de leur sortie d'avec vous, pour vous trouver une raison de ne leur donner rien. Celui-là conte qu'une fois vous fîtes assigner le chat d'un de vos voisins pour vous avoir mangé un reste d'un gigot de mouton[3]; celui-ci, que l'on vous surprit une nuit en venant dérober vous-même l'avoine de vos chevaux, et que votre cocher, qui était celui d'avant moi, vous donna dans l'obscurité je ne sais combien de coups de bâton dont vous ne voulûtes rien dire[4]. Enfin, voulez-vous que je vous dise? On ne saurait aller nulle part où l'on ne vous entende accommoder de toutes pièces[5]. Vous êtes la fable et la risée de tout le monde, et jamais on ne parle de vous que sous les noms d'avare, de ladre, de vilain[6] et de fesse-mathieu[7]. (13)

HARPAGON, *en le battant*. — Vous êtes un sot, un maraud, un coquin et un impudent.

MAITRE JACQUES. — Hé bien! ne l'avais-je pas deviné?

---

1. *Brocard* : plaisanterie malveillante; 2. Expression populaire. S'acharner après vous, vous poursuivre de plaisanteries; 3. Dans l'*Aulularia* (acte II, scène IV), l'esclave Strobile parle d'Euclion portant plainte chez le préteur contre un milan qui lui a enlevé son potage; 4. Une mésaventure analogue est attribuée à un cardinal dans une des *Sérées* (chap. XXXI) de Guillaume Bouchet; 5. Maltraiter de toutes les façons. Expression du langage familier; 6. *Vilain* : voir page 30, note 3; 7. *Fesse-mathieu* : voir page 44, note 1.

QUESTIONS

12. Est-ce simple curiosité de la part d'Harpagon? Quel trait de sa personnalité se révèle ici?

13. Composition de cette tirade. — Croyez-vous que les racontars rapportés par maître Jacques correspondent à des faits réels? Est-il cependant étonnant que les gens se fassent d'Harpagon une telle image?

Vous ne m'avez pas voulu croire. Je vous l'avais bien dit que je vous fâcherais de vous dire la vérité. (14)

HARPAGON. — Apprenez à parler. (15)

Scène II. — MAITRE JACQUES, VALÈRE.

VALÈRE. — A ce que je puis voir, maître Jacques, on paie mal votre franchise.

MAITRE JACQUES. — Morbleu! monsieur le nouveau venu, qui faites l'homme d'importance, ce n'est pas votre affaire. Riez de vos coups de bâton quand on vous en donnera, et ne venez point rire des miens.

VALÈRE. — Ah! monsieur maître Jacques, ne vous fâchez pas, je vous prie.

MAITRE JACQUES, *à part.* — Il file doux. Je veux faire le brave, et, s'il est assez sot pour me craindre, le frotter quelque peu. *(Haut.)* Savez-vous bien, monsieur le rieur, que je ne ris pas, moi, et que, si vous m'échauffez la tête, je vous ferai rire d'une autre sorte?

(Maître Jacques pousse Valère jusqu'au bout du théâtre en le menaçant.)

VALÈRE. — Eh! doucement!

MAITRE JACQUES. — Comment, doucement? Il ne me plaît pas, moi!

VALÈRE. — De grâce!

MAITRE JACQUES. — Vous êtes un impertinent[1].

---

1. *Impertinent* : voir page 62, note 2.

QUESTIONS

14. Montrez que le comique de farce (les coups donnés à maître Jacques) permet à Molière de finir sa scène. Comment maître Jacques se console-t-il d'avoir été battu?

15. SUR L'ENSEMBLE DE LA SCÈNE PREMIÈRE. — La composition de cette scène est-elle rigoureuse? Analysez les procédés comiques grâce auxquels Molière a su éviter ici la monotonie.

— De quels éléments nouveaux s'est enrichi le portrait d'Harpagon? S'il est un maître de maison autoritaire, n'a-t-il pas aussi une certaine jovialité qui lui vaut l'attachement de ses domestiques?

— Portrait de maître Jacques : montrez qu'il n'est pas un simple valet de comédie, mais qu'il a une personnalité (amour de son métier, sympathie pour les hommes et les bêtes, naïveté sans bêtise).

VALÈRE. — Monsieur maître Jacques!

MAITRE JACQUES. — Il n'y a point de monsieur maître Jacques pour un double[1]. Si je prends un bâton, je vous rosserai d'importance.

VALÈRE. — Comment! un bâton?

(Valère le fait reculer autant qu'il l'a fait.)

MAITRE JACQUES. — Eh! je ne parle pas de cela.

VALÈRE. — Savez-vous bien, monsieur le fat, que je suis homme à vous rosser vous-même?

MAITRE JACQUES. — Je n'en doute pas.

VALÈRE. — Que vous n'êtes, pour tout potage, qu'un faquin[2] de cuisinier?

MAITRE JACQUES. — Je le sais bien.

VALÈRE. — Et que vous ne me connaissez pas encore?

MAITRE JACQUES. — Pardonnez-moi[3].

VALÈRE. — Vous me rosserez, dites-vous?

MAITRE JACQUES. — Je le disais en raillant.

VALÈRE. — Et moi, je ne prends point de goût à votre raillerie. *(Il lui donne des coups de bâton.)* Apprenez que vous êtes un mauvais railleur.

MAITRE JACQUES, *seul*. — Peste soit la sincérité! c'est un mauvais métier. Désormais j'y renonce, et je ne veux plus dire vrai. Passe encore pour mon maître, il a quelque droit de me battre[4], mais, pour ce monsieur l'intendant, je m'en vengerai si je le puis[5]. **(16)**

---

1. *Double* : petite monnaie de cuivre valant deux deniers. L'expression signifie : « à aucun prix, je ne me laisse prendre à vos flatteries »; 2. *Faquin* : homme de rien, individu méprisable (de l'italien *facchino*, portefaix); 3. Formule de protestation signifiant : « mais si, je vous connais bien »; 4. Les coups de bâton aux valets sont dans les mœurs de l'époque; 5. Cette réflexion annonce la scène où maître Jacques accuse Valère d'avoir dérobé la cassette d'Harpagon (acte V, scène II).

QUESTIONS

16. SUR LA SCÈNE II. — Étudiez ici le mécanisme du comique de farce. Comparez maître Jacques et Sosie dans la scène II de l'acte premier d'*Amphitryon* (comédie représentée au début de cette même année 1668). — Faut-il ne voir dans cette scène qu'un intermède comique? Comment s'explique l'antipathie réciproque de maître Jacques et de Valère? Doit-on regretter cette querelle entre deux personnages sympathiques? Importance de la dernière réflexion de maître Jacques.

Scène III. — FROSINE, MARIANE,
MAITRE JACQUES.

FROSINE. — Savez-vous, maître Jacques, si votre maître est au logis?

MAITRE JACQUES. — Oui, vraiment il y est, je ne le sais que trop!

FROSINE. — Dites-lui, je vous prie, que nous sommes ici.

Scène IV. — MARIANE, FROSINE.

MARIANE. — Ah! que je suis, Frosine, dans un étrange état! et, s'il faut dire ce que je sens, que j'appréhende cette vue!

FROSINE. — Mais pourquoi? et quelle est votre inquiétude?

MARIANE. — Hélas! me le demandez-vous? et ne vous figurez-vous point les alarmes d'une personne toute prête à voir le supplice où l'on veut l'attacher?

FROSINE. — Je vois bien que, pour mourir agréablement, Harpagon n'est pas le supplice que vous voudriez embrasser; et je connais, à votre mine, que le jeune blondin dont vous m'avez parlé vous revient un peu dans l'esprit.

MARIANE. — Oui. C'est une chose, Frosine, dont je ne veux pas me défendre; et les visites respectueuses qu'il a rendues chez nous ont fait, je vous l'avoue, quelque effet dans mon âme.

FROSINE. — Mais avez-vous su quel[1] il est?

MARIANE. — Non, je ne sais point quel il est; mais je sais qu'il est fait d'un air à se faire aimer; que, si l'on pouvait mettre les choses à mon choix, je le prendrais plutôt qu'un autre, et qu'il ne contribue pas peu à me faire trouver un tourment effroyable dans l'époux qu'on veut me donner.

FROSINE. — Mon Dieu, tous ces blondins sont agréables et débitent fort bien leur fait[2], mais la plupart sont gueux comme des rats, et il vaut mieux pour vous de prendre un vieux mari qui vous donne beaucoup de bien. Je vous avoue que les sens ne trouvent pas si bien leur compte du côté que je dis, et qu'il y a quelques petits dégoûts à essuyer

---

1. *Quel* s'emploie souvent alors au lieu de *qui* pour interroger sur le nom ou la qualité; 2. Ce qu'ils ont à dire : compliments, madrigaux, galanteries.

L'AVARE AU THÉÂTRE NATIONAL POPULAIRE

Harpagon (Jean Vilar) et Mariane (Lucienne Lemarchand).

avec un tel époux; mais cela n'est pas pour durer, et sa mort, croyez-moi, vous mettra bientôt en état d'en prendre un plus aimable qui réparera toutes choses.

MARIANE. — Mon Dieu, Frosine, c'est une étrange affaire lorsque, pour être heureuse, il faut souhaiter ou attendre le trépas de quelqu'un, et la mort ne suit pas tous les projets que nous faisons.

FROSINE. — Vous moquez-vous? Vous ne l'épousez qu'aux conditions de vous laisser veuve bientôt; et ce doit être là un des articles du contrat. Il serait bien impertinent de ne pas mourir dans trois mois! Le voici en propre personne.

MARIANE. — Ah! Frosine, quelle figure! **(17)**

SCÈNE V. — HARPAGON, FROSINE, MARIANE.

HARPAGON. — Ne vous offensez pas, ma belle, si je viens à vous avec des lunettes. Je sais que vos appas frappent assez les yeux, sont assez visibles d'eux-mêmes, et qu'il n'est pas besoin de lunettes pour les apercevoir; mais enfin c'est avec des lunettes qu'on observe les astres, et je maintiens et garantis que vous êtes un astre, mais un astre, le plus bel astre qui soit dans le pays des astres. Frosine, elle ne répond mot et ne témoigne, ce me semble, aucune joie de me voir. **(18)** *gaie evidence*

FROSINE. — C'est qu'elle est encore toute surprise; et puis les filles ont toujours honte à témoigner d'abord[1] ce qu'elles ont dans l'âme.

---

1. *D'abord* : dès l'abord, dès le premier moment.

■ QUESTIONS

17. SUR LA SCÈNE IV. — Le caractère de Mariane est-il suffisamment dessiné pour que nous nous intéressions à elle? Sa résignation ne s'explique-t-elle pas par sa condition sociale? Est-elle profondément indignée à la pensée d'escompter la mort d'un vieux mari pour trouver le bonheur?
— Quel contraste le cynisme et la vulgarité de Frosine font-ils avec les appréhensions et le langage tragique de Mariane?
18. Analysez tous les éléments qui font d'Harpagon, vieillard amoureux, un personnage grotesque : mélange de vulgarité et de fausse préciosité dans le langage, crédulité qui l'a déterminé à porter des lunettes, comme le lui a conseillé Frosine. Comparez Harpagon à M. Jourdain accueillant Dorimène (*le Bourgeois gentilhomme*, III, IV). Manque-t-il toutefois totalement de lucidité devant la première réaction de Mariane?

HARPAGON. — Tu as raison. *(A Mariane.)* Voilà, belle mignonne, ma fille qui vient vous saluer. **(19)**

Scène VI. — ÉLISE, HARPAGON, MARIANE, FROSINE.

MARIANE. — Je m'acquitte bien tard, madame[1], d'une telle visite.

ÉLISE. — Vous avez fait, madame, ce que je devais faire, et c'était à moi de vous prévenir.

HARPAGON. — Vous voyez qu'elle est grande; mais mauvaise herbe croît toujours.

MARIANE, *bas à Frosine*. — O l'homme déplaisant!

HARPAGON. — Que dit la belle?

FROSINE. — Qu'elle vous trouve admirable.

HARPAGON. — C'est trop d'honneur que vous me faites, adorable mignonne.

MARIANE, *à part*. — Quel animal!

HARPAGON. — Je vous suis trop obligé de ces sentiments.

MARIANE, *à part*. — Je n'y puis plus tenir.

HARPAGON. — Voici mon fils aussi qui vous vient faire la révérence.

MARIANE, *bas à Frosine*. — Ah! Frosine, quelle rencontre! C'est justement celui dont je t'ai parlé.

FROSINE, *à Mariane*. — L'aventure est merveilleuse.

HARPAGON. — Je vois que vous vous étonnez de me voir de si grands enfants; mais je serai bientôt défait et de l'un et de l'autre. **(20)**

---

1. C'est la formule polie pour parler aux femmes et aux jeunes filles de la bourgeoisie à cette époque. Aux bourgeoises mariées on dit aussi *Mademoiselle*.

─────── **QUESTIONS** ───────

19. SUR L'ENSEMBLE DE LA SCÈNE V. — Pourquoi Molière n'a-t-il pas prolongé plus longtemps cette scène?

20. SUR LA SCÈNE VI. — Comment Molière a-t-il tiré parti de cette scène de « présentation »? Pourquoi Harpagon, en croyant se faire valoir aux yeux de Mariane, ne réussit-il qu'à la dégoûter un peu plus à chaque mot qu'il prononce?

— Une tradition, qui semble remonter assez loin, veut que, dans cette scène, Frosine se place entre Mariane et Harpagon chaque fois que celui-ci fait une révérence et semble ainsi recevoir ses hommages. Que pensez-vous de ce jeu de scène?

Scène VII. — CLÉANTE, HARPAGON, ÉLISE, MARIANE, FROSINE.

CLÉANTE. — Madame, à vous dire le vrai, c'est ici une aventure où sans doute je ne m'attendais pas, et mon père ne m'a pas peu surpris lorsqu'il m'a dit tantôt le dessein qu'il avait formé.

MARIANE. — Je puis dire la même chose. C'est une rencontre imprévue qui m'a surprise autant que vous, et je n'étais point préparée à une pareille aventure. (21)

CLÉANTE. — Il est vrai que mon père, madame, ne peut pas faire un plus beau choix, et que ce m'est une sensible joie que l'honneur de vous voir; mais avec tout cela, je ne vous assurerai point que je me réjouis du dessein où vous pourriez être de devenir ma belle-mère. Le compliment, je vous l'avoue, est trop difficile pour moi; et c'est un titre, s'il vous plaît, que je ne vous souhaite point. Ce discours paraîtra brutal aux yeux de quelques-uns; mais je suis assuré que vous serez personne à le prendre comme il faudra; que c'est un mariage, madame, où vous vous imaginez bien que je dois avoir de la répugnance; que vous n'ignorez pas, sachant ce que je suis, comme il choque mes intérêts; et que vous voulez bien enfin que je vous dise, avec la permission de mon père, que, si les choses dépendaient de moi, cet hymen ne se ferait point. (22)

HARPAGON. — Voilà un compliment bien impertinent[1]! Quelle belle confession à lui faire!

MARIANE. — Et, moi pour vous répondre, j'ai à vous dire que les choses sont fort égales[2], et que, si vous auriez[3] de la répugnance à me voir votre belle-mère, je n'en aurais pas moins sans doute à vous voir mon beau-fils. Ne croyez pas, je vous prie, que ce soit moi qui cherche à vous donner cette

---

1. *Impertinent :* voir page 24, note 4; 2. Nous avons la même manière de voir; 3. *Si* se construit avec le conditionnel dans le sens de *s'il est vrai que, s'il arrivait que.*

QUESTIONS
---

21. Ce comique de situation était-il attendu? Est-il important que Mariane ne se trahisse pas et entre si adroitement dans le jeu? Quel est alors le sentiment du spectateur?

22. Appréciez le détour utilisé par Cléante pour avouer son amour à Mariane; pourquoi est-il obligé à ce discours *brutal?*

inquiétude. Je serais fort fâchée de vous causer du déplaisir, et, si je ne m'y vois forcée par une puissance absolue, je vous donne ma parole que je ne consentirai point au mariage qui vous chagrine.

HARPAGON. — Elle a raison. A sot compliment il faut une réponse de même. Je vous demande pardon, ma belle, de l'impertinence de mon fils. C'est un jeune sot qui ne sait pas encore la conséquence des paroles qu'il dit. (23)

MARIANE. — Je vous promets que ce qu'il m'a dit ne m'a point du tout offensée; au contraire, il m'a fait plaisir de m'expliquer ainsi ses véritables sentiments. J'aime de lui un aveu de la sorte; et, s'il avait parlé d'autre façon, je l'en estimerais bien moins.

HARPAGON. — C'est beaucoup de bonté à vous de vouloir ainsi excuser ses fautes. Le temps le rendra plus sage, et vous verrez qu'il changera de sentiments.

CLÉANTE. — Non, mon père, je ne suis pas capable d'en changer; et je prie instamment madame de le croire.

HARPAGON. — Mais voyez quelle extravagance! il continue encore plus fort.

CLÉANTE. — Voulez-vous que je trahisse mon cœur? (24)

HARPAGON. — Encore! Avez-vous envie de changer de discours?

CLÉANTE. — Hé bien, puisque vous voulez que je parle d'autre façon, souffrez, madame, que je me mette ici à la place de mon père, et que je vous avoue que je n'ai rien vu dans le monde de si charmant que vous; que je ne conçois rien d'égal au bonheur de vous plaire, et que le titre de votre époux est une gloire, une félicité, que je préférerais aux destinées des plus grands princes de la terre. Oui, madame, le bonheur de vous posséder est à mes regards la plus belle de toutes les fortunes; c'est où j'attache toute mon ambition. Il n'y a rien que je ne sois capable de faire pour une conquête si précieuse; et les obstacles les plus puissants...

——— **QUESTIONS** ———————————

23. Est-il vraisemblable qu'Harpagon ne soupçonne pas la complicité de Mariane avec Cléante et pense que Mariane fait de l'ironie?
24. Cléante a-t-il raison de tant insister? Aurait-il peur de n'avoir pas été compris par Mariane ou veut-il surtout braver son père?

HARPAGON. — Doucement, mon fils, s'il vous plaît.

CLÉANTE. — C'est un compliment que je fais pour vous à madame.

HARPAGON. — Mon Dieu, j'ai une langue pour m'expliquer moi-même, et je n'ai pas besoin d'un procureur[1] comme vous. (25) Allons, donnez des sièges.

FROSINE. — Non. Il vaut mieux que de ce pas nous allions à la foire, afin d'en revenir plus tôt et d'avoir tout le temps ensuite de vous entretenir.

HARPAGON. — Qu'on mette donc les chevaux au carrosse. Je vous prie de m'excuser, ma belle, si je n'ai pas songé à vous donner un peu de collation avant que de partir.

CLÉANTE. — J'y ai pourvu, mon père, et j'ai fait apporter ici quelques bassins d'oranges de la Chine, de citrons doux et de confitures[2], que j'ai envoyé quérir de votre part.

HARPAGON, bas, à Valère. — Valère!

VALÈRE, à Harpagon. — Il a perdu le sens. (26)

CLÉANTE. — Est-ce que vous trouvez, mon père, que ce ne soit pas assez? Madame aura la bonté d'excuser cela, s'il vous plaît.

MARIANE. — C'est une chose qui n'était pas nécessaire.

CLÉANTE. — Avez-vous jamais vu, madame, un diamant plus vif que celui que vous voyez que mon père a au doigt?

MARIANE. — Il est vrai qu'il brille beaucoup.

CLÉANTE, l'ôtant du doigt de son père et le donnant à Mariane. — Il faut que vous le voyiez de près.

---

1. Procureur : représentant, interprète. Molière, qui, dans ce sens, emploie souvent le mot truchement, met ici à dessein dans la bouche d'Harpagon un terme appartenant à la langue des affaires; 2. Ces denrées exotiques sont à l'époque des produits de luxe.

—————— QUESTIONS ——————

25. En changeant de ton sous prétexte d'obéir à Harpagon, Cléante ne réussit-il pas à le bafouer encore davantage? Harpagon est-il toutefois complètement dupe?

26. Le mauvais tour que joue ici Cléante à son père est-il prémédité? Pouvait-on être plus cruel envers Harpagon qu'en mettant son amour à l'épreuve de son avarice?

MARIANE. — Il est fort beau, sans doute, et jette quantité de feux.

CLÉANTE, *se mettant au-devant de Mariane, qui le veut rendre.* — Nenni. Madame, il est en de trop belles mains. C'est un présent que mon père vous fait.

HARPAGON. — Moi?

CLÉANTE. — N'est-il pas vrai mon père, que vous voulez que madame le garde pour l'amour de vous?

HARPAGON, *bas à son fils.* — Comment!

CLÉANTE. — Belle demande! Il me fait signe de vous le faire accepter.

MARIANE. — Je ne veux point...

CLÉANTE. — Vous moquez-vous? Il n'a garde de le reprendre.

HARPAGON, *à part.* — J'enrage!

MARIANE. — Ce serait...

CLÉANTE, *en empêchant toujours Mariane de rendre la bague.* — Non, vous dis-je, c'est l'offenser.

MARIANE. — De grâce...

CLÉANTE. — Point du tout.

HARPAGON, *à part.* — Peste soit...

CLÉANTE. — Le voilà qui se scandalise de votre refus.

HARPAGON, *bas, à son fils.* — Ah! traître!

CLÉANTE. — Vous voyez qu'il se désespère.

HARPAGON, *bas, à son fils, en le menaçant.* — Bourreau que tu es!

CLÉANTE. — Mon père, ce n'est pas ma faute. Je fais ce que je puis pour l'obliger à la garder, mais elle est obstinée.

HARPAGON, *bas, à son fils, avec emportement.* — Pendard!

CLÉANTE. — Vous êtes cause, madame, que mon père me querelle.

HARPAGON, *bas, à son fils, avec les mêmes grimaces.* — Le coquin!

CLÉANTE. — Vous le ferez tomber malade. De grâce, madame, ne résistez point davantage.

FROSINE. — Mon Dieu, que de façons! Gardez la bague, puisque monsieur le veut.

MARIANE. — Pour ne vous point mettre en colère, je la garde maintenant, et je prendrai un autre temps pour vous la rendre. **(27) (28)**

Scène VIII. — HARPAGON, MARIANE, FROSINE, CLÉANTE, BRINDAVOINE, ÉLISE.

BRINDAVOINE. — Monsieur, il y a là un homme qui veut vous parler.

HARPAGON. — Dis-lui que je suis empêché, et qu'il revienne une autre fois.

BRINDAVOINE. — Il dit qu'il vous apporte de l'argent.

HARPAGON. — Je vous demande pardon. Je reviens tout à l'heure[1]. **(29)**

Scène IX. — HARPAGON, MARIANE, CLÉANTE, ÉLISE, FROSINE, LA MERLUCHE.

LA MERLUCHE. *(Il vient en courant et fait tomber Harpagon.)* — Monsieur...

HARPAGON. — Ah! je suis mort!

CLÉANTE. — Qu'est-ce, mon père? Vous êtes-vous fait mal?

HARPAGON. — Le traître assurément a reçu de l'argent de mes débiteurs pour me faire rompre le cou.

VALÈRE. — Cela ne sera rien.

LA MERLUCHE. — Monsieur, je vous demande pardon, je croyais bien faire d'accourir vite.

HARPAGON. — Que viens-tu faire ici, bourreau?

---

1. *Tout à l'heure* : voir page 28, note 1.

QUESTIONS

27. Le procédé comique mis en œuvre dans tout cet épisode de la bague : analysez le mécanisme du quiproquo. Dans quelle mesure Mariane est-elle la complice du jeu mené par Cléante?

28. Sur l'ensemble de la scène vii. — Comment est composée cette scène? Montrez-en la progression continue. Ne pourrait-on reprocher à Cléante d'être plus préoccupé de se venger de son père que de plaire à Mariane?

29. Quel automatisme déclenche chez Harpagon le mot *argent?* — Comparez cette scène aux autres « sorties » d'Harpagon dans les actes précédents.

LA MERLUCHE. — Vous dire que vos deux chevaux sont déferrés.

HARPAGON. — Qu'on les mène promptement chez le maréchal.

CLÉANTE. — En attendant qu'ils soient ferrés, je vais faire pour vous, mon père, les honneurs de votre logis, et conduire madame dans le jardin, où je ferai porter la collation.

HARPAGON. — Valère, aie un peu l'œil à tout cela, et prends soin, je te prie, de m'en sauver le plus que tu pourras, pour le renvoyer au marchand.

VALÈRE. — C'est assez.

HARPAGON, *seul*. — O fils impertinent! as-tu envie de me ruiner? **(30) (31)**

ACTE IV

Scène première. — CLÉANTE, MARIANE, ÉLISE, FROSINE.

CLÉANTE. — Rentrons ici[1], nous serons beaucoup mieux. Il n'y a plus autour de nous personne de suspect, et nous pouvons parler librement.

ÉLISE. — Oui, madame, mon frère m'a fait confidence de la passion qu'il a pour vous. Je sais les chagrins et les déplaisirs[2] que sont capables de causer de pareilles traverses[3], et c'est, je vous assure, avec une tendresse extrême que je m'intéresse à votre aventure.

---

1. Ils reviennent du jardin (voir la dernière réplique de Cléante avant la fin de l'acte III); 2. *Déplaisir* : tristesse profonde, vif chagrin (sens plus fort que dans la langue actuelle); 3. *Traverses* : obstacles, difficultés.

■ **QUESTIONS** ■

30. SUR LA SCÈNE IX. — Cette scène, pleine de mouvement et de bousculade, n'est-elle qu'un moyen adroit de finir l'acte au milieu des rires? ou l'image du bouleversement apporté dans l'intérieur d'Harpagon par son projet de mariage?

31. SUR L'ENSEMBLE DE L'ACTE III. — Quel épisode constitue l'unité de cet acte central? Montrez que la réception de Mariane est un excellent moyen de mettre à l'épreuve l'avarice d'Harpagon.

— Quels renseignements peut-on tirer de cet acte sur le train de vie d'un bourgeois parisien du XVIIe siècle?

MARIANE. — C'est une douce consolation que de voir dans ses intérêts une personne comme vous ; et je vous conjure, madame, de me garder toujours cette généreuse amitié, si capable de m'adoucir les cruautés de la fortune. (1)

FROSINE. — Vous êtes, par ma foi, de malheureuses gens l'un et l'autre, de ne m'avoir point, avant tout ceci, avertie de votre affaire ! Je vous aurais sans doute détourné cette inquiétude[1] et n'aurais point amené les choses où l'on voit qu'elles sont.

CLÉANTE. — Que veux-tu ? c'est ma mauvaise destinée qui l'a voulu ainsi. Mais, belle Mariane, quelles résolutions sont les vôtres ?

MARIANE. — Hélas ! suis-je en pouvoir de faire des résolutions ? et, dans la dépendance où je me vois, puis-je former que[2] des souhaits ?

CLÉANTE. — Point d'autre appui pour moi dans votre cœur que de simples souhaits ? point de pitié officieuse[3] ? point de secourable bonté ? point d'affection agissante ?

MARIANE. — Que saurais-je vous dire ? Mettez-vous en ma place, et voyez ce que je puis faire. Avisez, ordonnez vous-même : je m'en remets à vous, et je vous crois trop raisonnable pour vouloir exiger de moi que ce qui peut m'être permis par l'honneur et la bienséance.

CLÉANTE. — Hélas ! où me réduisez-vous que de me renvoyer à ce que voudront me permettre les fâcheux sentiments d'un rigoureux honneur et d'une scrupuleuse bienséance ?

MARIANE. — Mais que voulez-vous que je fasse ? Quand je pourrais passer sur quantité d'égards où notre sexe est obligé, j'ai de la considération pour ma mère. Elle m'a toujours élevée avec une tendresse extrême, et je ne saurais me résoudre à lui donner du déplaisir. Faites, agissez auprès d'elle ; employez tous vos soins à gagner son esprit. Vous pouvez

---

1. Je vous aurais épargné cette inquiétude ; 2. *Que* s'emploie souvent alors avec le sens de *autre chose que* ; 3. *Officieux* : complaisant, serviable, prêt à rendre de bons offices.

────── **QUESTIONS** ──────

1. Le contraste entre le ton de bonne compagnie dont usent les jeunes gens avec le langage assez vulgaire qui caractérise Harpagon : d'où vient cette différence et quel effet produit-elle ?

faire et dire tout ce que vous voudrez, je vous en donne la licence[1]; et, s'il ne tient qu'à me déclarer en votre faveur, je veux bien consentir à lui faire un aveu moi-même de tout ce que je sens pour vous. (2)

CLÉANTE. — Frosine, ma pauvre Frosine, voudrais-tu nous servir?

FROSINE. — Par ma foi, faut-il le demander? Je le voudrais de tout mon cœur. Vous savez que de mon naturel je suis assez humaine. Le ciel ne m'a point fait l'âme de bronze, et je n'ai que trop de tendresse à rendre de petits services, quand je vois des gens qui s'entr'aiment en tout bien et en tout honneur. (3) Que pourrions-nous faire à ceci?

CLÉANTE. — Songe un peu, je te prie.

MARIANE. — Ouvre-nous des lumières[2].

ÉLISE. — Trouve quelque invention pour rompre ce que tu as fait.

FROSINE. — Ceci est assez difficile. *(A Mariane.)* Pour votre mère, elle n'est pas tout à fait déraisonnable et peut-être pourrait-on la gagner et la résoudre à transporter au fils le don qu'elle veut faire au père. *(A Cléante.)* Mais le mal que j'y trouve, c'est que votre père est votre père.

CLÉANTE. — Cela s'entend.

FROSINE. — Je veux dire qu'il conservera du dépit si l'on montre qu'on le refuse, et qu'il ne sera point d'humeur ensuite à donner son consentement à votre mariage. Il faudrait, pour bien faire, que le refus vînt de lui-même et tâcher par quelque moyen de le dégoûter de votre personne.

CLÉANTE. — Tu as raison.

FROSINE. — Oui, j'ai raison, je le sais bien. C'est là ce qu'il faudrait; mais le diantre est d'en pouvoir trouver les moyens. Attendez: si nous avions quelque femme un peu sur l'âge

---

1. *Licence* : pleine liberté; 2. Donne-nous des éclaircissements.

QUESTIONS

2. Pourquoi Cléante comprend-il mal les scrupules de Mariane? En quoi Harpagon est-il responsable du peu de souci que son fils se fait de l'honneur et de la bienséance?

3. Frosine est-elle sincère ici? Pourquoi n'a-t-elle pas en tout cas de scrupule à intriguer contre Harpagon (voir acte II, scène v)?

qui fût de mon talent et jouât assez bien pour contrefaire une dame de qualité, par le moyen d'un train[1] fait à la hâte et d'un bizarre nom de marquise ou de vicomtesse, que nous supposerions de la Basse-Bretagne, j'aurais assez d'adresse pour faire accroire à votre père que ce serait une personne riche, outre ses maisons, de cent mille écus en argent comptant ; qu'elle serait éperdument amoureuse de lui et souhaiterait de se voir sa femme jusqu'à lui donner tout son bien par contrat de mariage, et je ne doute point qu'il ne prêtât l'oreille à la proposition, car enfin il vous aime fort, je le sais, mais il aime un peu plus l'argent ; et, quand, ébloui de ce leurre[2], il aurait une fois consenti à ce qui vous touche, il importerait peu ensuite qu'il se désabusât, en venant à vouloir voir clair aux effets[3] de notre marquise.

CLÉANTE. — Tout cela est fort bien pensé.

FROSINE. — Laissez-moi faire. Je viens de me ressouvenir d'une de mes amies qui sera notre fait.

CLÉANTE. — Sois assurée, Frosine, de ma reconnaissance, si tu viens à bout de la chose. Mais, charmante Mariane, commençons, je vous prie, par gagner votre mère ; c'est toujours beaucoup faire que de rompre ce mariage. Faites-y de votre part, je vous en conjure, tous les efforts qu'il vous sera possible. Servez-vous de tout le pouvoir que vous donne sur elle cette amitié qu'elle a pour vous ; déployez sans réserve les grâces éloquentes, les charmes tout-puissants, que le ciel a placés dans vos yeux et dans votre bouche, et n'oubliez rien, s'il vous plaît, de ces tendres paroles, de ces douces prières et de ces caresses touchantes à qui je suis persuadé qu'on ne saurait rien refuser.

MARIANE. — J'y ferai tout ce que je puis et n'oublierai aucune chose. (4)

---

1. *Train :* suite de serviteurs, de laquais, accompagnant une personne de qualité ; 2. *Leurre :* tromperie. Mot emprunté au vocabulaire de la fauconnerie : c'est à l'origine un morceau de cuir rouge, en forme d'oiseau, que l'on présente au faucon lorsqu'il ne revient pas directement sur le poing du chasseur ; d'où le sens de : « moyen habile pour attirer et tromper » ; 3. *Effets :* biens, avoir, fortune.

─────────── QUESTIONS ───────────

4. SUR L'ENSEMBLE DE LA SCÈNE PREMIÈRE. — Évolution de l'action : montrez que la révolte de Cléante contre son père en fait la continuité La nouvelle intrigue, dont le scénario a été réglé par Frosine, aura-t-elle lieu ?

Scène II. — HARPAGON, CLÉANTE, MARIANE, ÉLISE, FROSINE.

HARPAGON, *à part.* — Ouais! mons fils baise la main de sa prétendue[1] belle-mère, et sa prétendue belle-mère ne s'en défend pas fort. Y aurait-il quelque mystère là-dessous?

ÉLISE. — Voilà mon père.

HARPAGON. — Le carrosse est tout prêt. Vous pouvez partir quand il vous plaira.

CLÉANTE. — Puisque vous n'y allez pas, mon père, je m'en vais les conduire.

HARPAGON. — Non, demeurez. Elles iront bien toutes seules, et j'ai besoin de vous. (5)

Scène III. — HARPAGON, CLÉANTE.

HARPAGON. — Oh! çà, intérêt de belle-mère[2] à part, que te semble, à toi, de cette personne?

CLÉANTE. — Ce qui m'en semble?

HARPAGON. — Oui, de son air, de sa taille, de sa beauté, de son esprit.

CLÉANTE. — Là, là.

HARPAGON. — Mais encore?

CLÉANTE. — A vous en parler franchement, je ne l'ai pas trouvée ici ce que je l'avais crue. Son air est de franche coquette; sa taille est assez gauche, sa beauté très médiocre[3], et son esprit des plus communs. Ne croyez pas que ce soit, mon père, pour vous en dégoûter; car, belle-mère pour belle-mère, j'aime autant celle-là qu'une autre.

HARPAGON. — Tu lui disais tantôt pourtant...

CLÉANTE. — Je lui ai dit quelques douceurs en votre nom, mais c'était pour vous plaire.

---

1. Sa future belle-mère. *Prétendu* s'emploie souvent ainsi au XVIIe siècle avec un nom de parent par alliance : mari, gendre, beau-père; 2. Cette affaire, cette question de belle-mère; 3. *Médiocre :* moyenne. Le mot n'a pas la valeur péjorative qu'il a en français moderne, mais c'est cependant ici loin d'être un compliment sur la beauté de Mariane.

———— QUESTIONS ————

5. SUR LA SCÈNE II. — A quelle situation traditionnelle dans la comédie arrive-t-on ici? Quelle particularité rend cette situation plus délicate dans le cas présent?

HARPAGON. — Si bien donc que tu n'aurais pas d'inclination pour elle?

CLÉANTE. — Moi? point du tout. (6)

HARPAGON. — J'en suis fâché, car cela rompt une pensée qui m'était venue dans l'esprit. J'ai fait, en la voyant ici, réflexion sur mon âge, et j'ai songé qu'on pourra trouver à redire de me voir marier à une si jeune personne. Cette considération m'en faisait quitter le dessein; et, comme je l'ai fait demander et que je suis pour elle engagé de parole, je te l'aurais donnée, sans l'aversion que tu témoignes.

CLÉANTE. — A moi?

HARPAGON. — A toi.

CLÉANTE. — En mariage?

HARPAGON. — En mariage.

CLÉANTE. — Écoutez; il est vrai qu'elle n'est pas fort à mon goût; mais pour vous faire plaisir, mon père, je me résoudrai à l'épouser, si vous voulez. (7)

HARPAGON. — Moi? je suis plus raisonnable que tu ne penses : je ne veux point forcer ton inclination.

CLÉANTE. — Pardonnez-moi, je me ferai cet effort pour l'amour de vous.

HARPAGON. — Non, non : un mariage ne saurait être heureux où l'inclination n'est pas.

CLÉANTE. — C'est une chose, mon père, qui peut-être viendra ensuite; et l'on dit que l'amour est souvent un fruit du mariage.

HARPAGON. — Non, du côté de l'homme on ne doit point risquer l'affaire, et ce sont des suites fâcheuses, où je n'ai

─────── **QUESTIONS** ───────

6. Comment s'engage le débat entre le père et le fils? Pourquoi Cléante croit-il habile de déprécier Mariane aux yeux d'Harpagon? Quel propos d'Harpagon fait soupçonner un piège à Cléante? La manœuvre d'Harpagon n'a-t-elle pas l'air d'échouer? Qui marque le premier point dans cette dicussion?

7. Pourquoi Harpagon ne se tient-il pas pour satisfait par la réponse de Cléante? Quelle ruse lui est inspirée par la jalousie? Est-il naturel que Cléante soit trompé ici par l'hypocrisie de son père? Comment essaie-t-il de rattraper la situation sans trop abandonner cependant sa prudence?

garde de me commettre¹. Si tu avais senti quelque inclination pour elle, à la bonne heure, je te l'aurais fait épouser, au lieu de moi, mais, cela n'étant pas, je suivrai mon premier dessein, et je l'épouserai moi-même. **(8)**

CLÉANTE. — Eh bien, mon père, puisque les choses sont ainsi, il faut vous découvrir mon cœur, il faut vous révéler notre secret. La vérité est que je l'aime depuis un jour que je la vis dans une promenade; que mon dessein était tantôt de vous la demander pour femme, et que rien ne m'a retenu que la déclaration de vos sentiments et la crainte de vous déplaire.

HARPAGON. — Lui avez-vous rendu visite?

CLÉANTE. — Oui, mon père.

HARPAGON. — Beaucoup de fois?

CLÉANTE. — Assez pour le temps qu'il y a².

HARPAGON. — Vous a-t-on bien reçu?

CLÉANTE. — Fort bien, mais sans savoir qui j'étais, et c'est ce qui a fait tantôt la surprise de Mariane.

HARPAGON. — Lui avez-vous déclaré votre passion et le dessein où vous étiez de l'épouser?

CLÉANTE. — Sans doute, et même j'en avais fait à sa mère quelque peu d'ouverture.

HARPAGON. — A-t-elle écouté, pour sa fille, votre proposition?

CLÉANTE. — Oui, fort civilement.

HARPAGON. — Et la fille correspond-elle fort à³ votre amour?

CLÉANTE. — Si j'en dois croire les apparences, je me persuade, mon père, qu'elle a quelque bonté pour moi. **(9)**

---

1. Auxquelles je me garderai bien de m'exposer; 2. Un assez grand nombre de fois, pour le temps depuis lequel cela dure; 3. *Correspondre à :* ici, donner son accord, rendre sentiment pour sentiment; l'expression ne s'emploierait plus aujourd'hui avec un sujet représentant une personne.

───── **QUESTIONS** ─────

8. Ces dernières répliques constituent l'instant décisif du débat : comment la feinte obstination d'Harpagon persuade-t-elle Cléante qu'il a eu tort de ne pas dire la vérité?

9. Montrez qu'on est arrivé au moment le plus dramatique du dialogue : la sincérité de Cléante peut-elle émouvoir la curiosité jalouse d'Harpagon? Comment se fait-il que Cléante ne perçoive pas le durcissement dans le ton inquisiteur d'Harpagon?

HARPAGON, *bas, à part.* — Je suis bien aise d'avoir appris un tel secret, et voilà justement ce que je demandais. *(Haut.)* Oh! sus[1], mon fils, savez-vous ce qu'il y a? C'est qu'il faut songer, s'il vous plaît, à vous défaire de votre amour, à cesser toutes vos poursuites auprès d'une personne que je prétends[2] pour moi, et à vous marier dans peu avec celle qu'on vous destine. **(10)**

CLÉANTE. — Oui, mon père, c'est ainsi que vous me jouez! Eh bien! puisque les choses en sont venues là, je vous déclare, moi, que je ne quitterai point la passion que j'ai pour Mariane; qu'il n'y a point d'extrémité où je ne m'abandonne pour vous disputer sa conquête, et que, si vous avez pour vous le consentement d'une mère, j'aurai d'autres secours peut-être qui combattront pour moi.

HARPAGON. — Comment, pendard! tu as l'audace d'aller sur mes brisées[3]!

CLÉANTE. — C'est vous qui allez sur les miennes, et je suis le premier en date.

HARPAGON. — Ne suis-je pas ton père? et ne me dois-tu pas respect?

CLÉANTE. — Ce ne sont point ici des choses où les enfants soient obligés de déférer aux pères, et l'amour ne connaît personne.

HARPAGON. — Je te ferai bien me connaître avec de bons coups de bâton.

CLÉANTE. — Toutes vos menaces ne feront rien.

HARPAGON. — Tu renonceras à Mariane.

CLÉANTE. — Point du tout.

---

1. *Sus :* interjection habituellement utilisée pour encourager, pour exhorter. Ici, elle a plutôt une valeur de défi, de provocation; **2.** Que je demande moi-même en mariage (voir page 85, note 1, le sens du participe *prétendu*); **3.** Avant la chasse, le veneur marque, en brisant des branches, les endroits par lesquels le gibier a l'habitude de passer, afin que les chasseurs puissent s'y poster. Par suite, *aller sur les brisées* de quelqu'un signifie : « profiter de la place préparée par un autre ».

QUESTIONS

10. L'impression produite sur le spectateur par la remarque qu'Harpagon fait pour lui-même et par le brutal changement de ton à l'égard de son fils. Quel trait de caractère se précise ici chez le vieillard?

HARPAGON. — Donnez-moi un bâton tout à l'heure[1]. (11) (12)

Scène IV. — MAITRE JACQUES, HARPAGON, CLÉANTE.

MAITRE JACQUES. — Eh! eh! eh! messieurs, qu'est ceci? à quoi songez-vous?

CLÉANTE. — Je me moque de cela.

MAITRE JACQUES, *à Cléante*. — Ah! monsieur, doucement.

HARPAGON. — Me parler avec cette impudence!

MAITRE JACQUES, *à Harpagon*. — Ah! monsieur, de grâce.

CLÉANTE. — Je n'en démordrai point.

MAITRE JACQUES, *à Cléante*. — Hé quoi! à votre père?

HARPAGON. — Laisse-moi faire.

MAITRE JACQUES, *à Harpagon*. — Hé quoi! à votre fils? Encore passe pour moi.

HARPAGON. — Je te veux faire toi-même, maître Jacques, juge de cette affaire, pour montrer comme j'ai raison. (13)

MAITRE JACQUES. — J'y consens. (*A Cléante.*) Éloignez-vous un peu.

---

1. *Tout à l'heure* : voir page 28, note 1.

QUESTIONS

11. L'éclat qui termine la scène était-il prévisible? Comparez les répliques échangées entre le père et le fils avec celles qui terminent la scène ii de l'acte II; le conflit n'est-il pas aussi insoluble? Pourquoi Molière a-t-il poussé la scène jusqu'à la bouffonnerie des coups de bâton?

12. SUR L'ENSEMBLE DE LA SCÈNE III. — La progression dramatique de cette scène : comparez-la à la scène v de l'acte III de *Mithridate*, de Racine, dans laquelle le vieux roi du Pont use de la même ruse pour découvrir l'amour de Monime pour Xipharès.

— Faut-il en conclure que Molière a glissé dans la tragédie, ou Racine dans la comédie? Montrez que le même procédé dramatique prend une valeur différente selon les caractères de l'action où il est utilisé.

— N'est-on pas inquiet toutefois ici de voir Harpagon prendre l'avantage sur son fils, qui joue le rôle de dupe?

13. A quelle occasion Harpagon a-t-il déjà fait appel à un « arbitrage »? Manquerait-il de confiance en lui-même? Pourquoi choisir maître Jacques comme arbitre? Où avons-nous vu qu'il existe chez Harpagon une certaine familiarité entre maître et domestiques? Cela suffit-il pour rendre vraisemblable le rôle donné ici à maître Jacques?

HARPAGON. — J'aime une fille que je veux épouser; et le pendard a l'insolence de l'aimer avec moi et d'y[1] prétendre malgré mes ordres.

MAITRE JACQUES. — Ah! il a tort.

HARPAGON. — N'est-ce pas une chose épouvantable qu'un fils qui veut entrer en concurrence avec son père? et ne doit-il pas, par respect, s'abstenir de toucher à mes inclinations?

MAITRE JACQUES. — Vous avez raison. Laissez-moi lui parler et demeurez là.

(Il vient trouver Cléante à l'autre bout du théâtre.)

CLÉANTE. — Eh bien, oui, puisqu'il veut te choisir pour juge, je n'y recule point[2], il ne m'importe qui ce soit[3], et je veux bien aussi me rapporter à toi, maître Jacques, de notre différend.

MAITRE JACQUES. — C'est beaucoup d'honneur que vous me faites.

CLÉANTE. — Je suis épris d'une jeune personne qui répond à mes vœux et reçoit tendrement les offres de ma foi, et mon père s'avise de venir troubler notre amour par la demande qu'il en fait faire.

MAITRE JACQUES. — Il a tort assurément.

CLÉANTE. — N'a-t-il point de honte, à son âge, de songer à se marier? Lui sied-il bien d'être encore amoureux? et ne devrait-il pas laisser cette occupation aux jeunes gens? **(14)**

MAITRE JACQUES. — Vous avez raison, il se moque. Laissez-moi lui dire deux mots. *(Il revient à Harpagon.)* Eh bien, votre fils n'est pas si étrange que vous le dites, et il se met à la raison. Il dit qu'il sait le respect qu'il vous doit, qu'il ne s'est emporté que dans la première chaleur, et qu'il ne fera point refus de se soumettre à ce qu'il vous plaira, pourvu que vous vouliez le traiter mieux que vous ne faites et lui donner quelque personne en mariage dont il ait lieu d'être content.

---

1. *Y :* à elle. Ce pronom s'emploie alors, comme *en*, pour désigner des personnes; 2. La syntaxe moderne n'admettrait pas cet emploi de *y*, fréquent au XVIIe siècle. Le sens est : « je ne recule point devant cela »; 3. Quel que soit le juge, cela m'importe peu.

——— QUESTIONS ———

14. L'exposé du débat, fait d'abord par Harpagon, puis par Cléante, ne prouve-t-il pas que le conflit entre père et fils est insoluble?

HARPAGON. — Ah! dis-lui, maître Jacques, que moyennant cela, il pourra espérer toutes choses de moi, et que, hors Mariane, je lui laisse la liberté de choisir celle qu'il voudra.

MAITRE JACQUES. — Laissez-moi faire. *(Il va au fils.)* Eh bien, votre père n'est pas si déraisonnable que vous le faites, et il m'a témoigné que ce sont vos emportements qui l'ont mis en colère; qu'il n'en veut seulement qu'à¹ votre manière d'agir, et qu'il sera fort disposé à vous accorder ce que vous souhaitez, pourvu que vous vouliez vous y prendre par la douceur et lui rendre les déférences, les respects et les soumissions qu'un fils doit à son père.

CLÉANTE. — Ah! maître Jacques, tu lui peux assurer que, s'il m'accorde Mariane, il me verra toujours le plus soumis de tous les hommes, et que jamais je ne ferai aucune chose que par ses volontés.

MAITRE JACQUES, *à Harpagon.* — Cela est fait. Il consent à ce que vous dites.

HARPAGON. — Voilà qui va le mieux du monde.

MAITRE JACQUES, *à Cléante.* — Tout est conclu. Il est content de vos promesses.

CLÉANTE. — Le ciel en soit loué!

MAITRE JACQUES. — Messieurs, vous n'avez qu'à parler ensemble; vous voilà d'accord maintenant, et vous alliez vous quereller faute de vous entendre. **(15)**

CLÉANTE. — Mon pauvre maître Jacques, je te serai obligé toute ma vie.

MAITRE JACQUES. — Il n'y a pas de quoi, monsieur.

HARPAGON. — Tu m'as fait plaisir, maître Jacques, et cela mérite une récompense. Va, je m'en souviendrai, je t'assure.

---

1. *Seulement* et *ne... que* forment pléonasme, mais la combinaison des deux expressions n'est pas rare au XVIIᵉ siècle.

─────── **QUESTIONS** ───────

15. Le mécanisme du quiproquo dans l'intervention de maître Jacques : maître Jacques omet-il volontairement ou non de transmettre à chacun des deux adversaires le détail relatif à Mariane? — Quels traits de caractère se confirment chez maître Jacques, médiateur obligeant mais maladroit?

(Il tire son mouchoir de sa poche, ce qui fait croire à maître Jacques qu'il va lui donner quelque chose.)

MAITRE JACQUES. — Je vous baise les mains. **(16)**

Scène V. — CLÉANTE, HARPAGON.

CLÉANTE. — Je vous demande pardon, mon père, de l'emportement que j'ai fait paraître.

HARPAGON. — Cela n'est rien.

CLÉANTE. — Je vous assure que j'en ai tous les regrets du monde.

HARPAGON. — Et moi, j'ai toutes les joies du monde de te voir raisonnable.

CLÉANTE. — Quelle bonté à vous d'oublier si vite ma faute!

HARPAGON. — On oublie aisément les fautes des enfants lorsqu'ils rentrent dans leur devoir.

CLÉANTE. — Quoi! ne garder aucun ressentiment de toutes mes extravagances?

HARPAGON. — C'est une chose où tu m'obliges par la soumission et le respect où tu te ranges.

CLÉANTE. — Je vous promets, mon père, que jusques au tombeau je conserverai dans mon cœur le souvenir de vos bontés.

HARPAGON. — Et moi, je te promets qu'il n'y aura aucune chose que de moi tu n'obtiennes. **(17)**

CLÉANTE. — Ah! mon père, je ne vous demande plus rien, et c'est m'avoir assez donné que de me donner Mariane.

HARPAGON. — Comment?

CLÉANTE. — Je dis, mon père, que je suis trop[1] content

---

1. *Trop* : très (sans nuance d'excès); ce sens ancien subsistait dans certaines expressions traditionnelles (voir également dans *Tartuffe*, v. 648 : « Vous vivrez trop contente avec un tel mari. »

──────── **QUESTIONS** ────────

16. SUR L'ENSEMBLE DE LA SCÈNE IV. — Après la violente querelle d'Harpagon et de Cléante, cette scène apporte-t-elle une détente? — Dans quelle mesure le comique du langage, des gestes et des attitudes contribue-t-il à faire rire?

17. Comment Molière a-t-il habilement prolongé le quiproquo? Quel est le sentiment du spectateur dans cette première partie de la scène?

de vous, et que je trouve toutes choses dans la bonté que vous avez de m'accorder Mariane.

HARPAGON. — Qui est-ce qui parle de t'accorder Mariane?

CLÉANTE. — Vous, mon père.

HARPAGON. — Moi?

CLÉANTE. — Sans doute.

HARPAGON. — Comment! c'est toi qui as promis d'y renoncer.

CLÉANTE. — Moi, y renoncer?

HARPAGON. — Oui.

CLÉANTE. — Point du tout.

HARPAGON. — Tu ne t'es pas départi[1] d'y prétendre?

CLÉANTE. — Au contraire, j'y suis porté plus que jamais.

HARPAGON. — Quoi! pendard, derechef[2]?

CLÉANTE. — Rien ne peut me changer.

HARPAGON. — Laisse-moi faire, traître.

CLÉANTE. — Faites tout ce qu'il vous plaira.

HARPAGON. — Je te défends de me jamais voir.

CLÉANTE. — A la bonne heure.

HARPAGON. — Je t'abandonne.

CLÉANTE. — Abandonnez.

HARPAGON. — Je te renonce pour mon fils.

CLÉANTE. — Soit.

HARPAGON. — Je te déshérite.

CLÉANTE. — Tout ce que vous voudrez.

HARPAGON. — Et je te donne ma malédiction.

CLÉANTE. — Je n'ai que faire de vos dons. **(18) (19)**

---

1. Tu n'as pas renoncé à y prétendre; 2. *Derechef :* encore, à nouveau. Richelet, dans son *Dictionnaire français* (1680), donne déjà le mot comme « un peu vieux ».

──────── QUESTIONS ────────

18. Comment le quiproquo prend-il fin? L'intervention de maître Jacques a-t-elle atténué l'hostilité entre les deux hommes ou l'a-t-elle accentuée?

19. Sur l'ensemble de la scène v. — Quels éléments gardent à cette scène sa puissance comique, malgré l'animosité des deux adversaires?

→ J.-J. Rousseau (voir Jugements) était scandalisé de l'attitude de Cléante dans cette scène : lui donnez-vous raison?

Scène VI. — LA FLÈCHE, CLÉANTE.

LA FLÈCHE, *sortant du jardin avec une cassette.* — Ah! monsieur! que je vous trouve à propos! Suivez-moi vite.

CLÉANTE. — Qu'y a-t-il?

LA FLÈCHE. — Suivez-moi, vous dis-je, nous sommes bien.

CLÉANTE. — Comment?

LA FLÈCHE. — Voici votre affaire.

CLÉANTE. — Quoi?

LA FLÈCHE. — J'ai guigné ceci tout le jour.

CLÉANTE. — Qu'est-ce que c'est?

LA FLÈCHE. — Le trésor de votre père, que j'ai attrapé.

CLÉANTE. — Comment as-tu fait?

LA FLÈCHE. — Vous saurez tout. Sauvons-nous, je l'entends crier. **(20)**

Scène VII. — HARPAGON.

HARPAGON. *(Il crie au voleur dès le jardin, et viens sans chapeau.)* — Au voleur! au voleur! à l'assassin! au meurtrier! Justice, juste ciel! Je suis perdu, je suis assassiné! On m'a coupé la gorge, on m'a dérobé mon argent! Qui peut-ce être? Qu'est-il devenu? où est-il? où se cache-t-il? Que ferai-je pour le trouver? Où courir? où ne pas courir? N'est-il point là? n'est-il point ici? Qui est-ce? Arrête! *(Il se prend lui-même le bras.)* Rends-moi mon argent, coquin!... Ah! c'est moi. Mon esprit est troublé, et j'ignore où je suis, qui je suis, et ce que je fais. Hélas! mon pauvre argent, mon pauvre argent, mon cher ami, on m'a privé de toi! Et, puisque tu m'es enlevé, j'ai perdu mon support[1], ma consolation, ma joie; tout est fini pour moi, et je n'ai plus que faire au monde! Sans toi, il m'est impossible de vivre. C'en est fait, je n'en

---

1. *Support* : appui, soutien.

■ QUESTIONS ■

20. SUR LA SCÈNE VI. — Est-ce un véritable coup de théâtre que ce vol de la cassette? N'a-t-on pas un peu oublié certaine réflexion de La Flèche (acte I, scène III)?

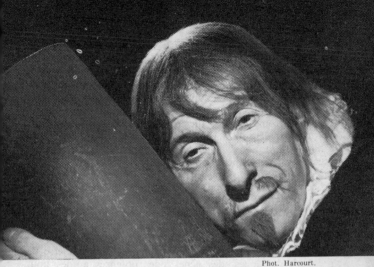

Phot. Harcourt.

Charles Dullin (1940).

DEUX INTERPRÈTES D'HARPAGON

Georges Chamarat (1960).

Phot. Lipnitzki.

puis plus, je me meurs, je suis mort, je suis enterré! N'y a-t-il personne qui veuille me ressusciter en me rendant mon cher argent, ou en m'apprenant qui l'a pris? Euh! que dites-vous? Ce n'est personne. Il faut, qui que ce soit qui ait fait le coup, qu'avec beaucoup de soin on ait épié l'heure; et l'on a choisi justement le temps que je parlais à mon traître de fils. Sortons. Je veux aller quérir la justice et faire donner la question[1] à toute ma maison : à servantes, à valets, à fils, à fille, et à moi aussi. Que de gens assemblés! Je ne jette mes regards sur personne qui ne me donne des soupçons, et tout me semble mon voleur. Eh! de quoi est-ce qu'on parle là? de celui qui m'a dérobé? Quel bruit fait-on là-haut? Est-ce mon voleur qui y est? De grâce, si l'on sait des nouvelles de mon voleur, je supplie que l'on m'en dise. N'est-il point caché là parmi vous? Ils me regardent tous et se mettent à rire. Vous verrez qu'ils ont part, sans doute, au vol que l'on m'a fait. Allons, vite, des commissaires, des archers, des prévôts[2], des juges, des gênes[3], des potences et des bour-reaux! Je veux faire pendre tout le monde; et, si je ne retrouve mon argent, je me pendrai moi-même après[4]! **(21) (22)**

---

1. *Question* : torture infligée à un accusé pendant l'interrogatoire pour tirer de lui des aveux; 2. *Prévôt* : officier de justice qui a les attributions judiciaires d'un bailli; 3. *Gênes* : instruments de torture; 4. Molière a emprunté plusieurs traits au monologue de l'avare volé, dans l'*Aulularia* de Plaute (acte IV, scène IX) et dans *les Esprits* de Larivey (acte III, scène VI).

QUESTIONS

21. SUR LA SCÈNE VII. — Analysez en détail ce monologue d'Harpa-gon. Comment Molière a-t-il rendu le trouble de l'avare qui a perdu son trésor? Quels sont, au milieu de cette incohérence, les idées qui obsèdent l'esprit d'Harpagon? Que prouvent en particulier les appels adressés au public lui-même? Harpagon n'a-t-il pas complètement perdu la tête?

— Imaginez les jeux de scène et les attitudes qui accompagnent ce monologue. Montrez que, selon la manière dont on joue cette scène, on peut garder au personnage une certaine vérité humaine ou l'outrer jusqu'à la caricature.

— Comparez cette scène aux textes de Plaute et de Larivey, dont s'est inspiré Molière (voir la Documentation thématique).

22. SUR L'ENSEMBLE DE L'ACTE IV. — En faisant passer au premier plan la querelle qui oppose père et fils, Molière met en lumière certaines conséquences sociales de l'avarice d'Harpagon. Lesquelles?

ACTE V

Scène première. — HARPAGON, LE COMMISSAIRE, SON CLERC.

LE COMMISSAIRE. — Laissez-moi faire, je sais mon métier, Dieu merci. Ce n'est pas d'aujourd'hui que je me mêle de découvrir des vols, et je voudrais avoir autant de sacs de mille francs que j'ai fait pendre de personnes.

HARPAGON. — Tous les magistrats sont intéressés à prendre cette affaire en main; et, si l'on ne me fait retrouver mon argent, je demanderai justice de la justice.

LE COMMISSAIRE. — Il faut faire toutes les poursuites requises. Vous dites qu'il y avait dans cette cassette?

HARPAGON. — Dix mille écus bien comptés.

LE COMMISSAIRE. — Dix mille écus?

HARPAGON. — Dix mille écus.

LE COMMISSAIRE. — Le vol est considérable.

HARPAGON. — Il n'y a point de supplice assez grand pour l'énormité de ce crime; et, s'il demeure impuni, les choses les plus sacrées ne sont plus en sûreté.

LE COMMISSAIRE. — En quelles espèces était cette somme?

HARPAGON. — En bons louis d'or et pistoles bien trébuchantes[1].

LE COMMISSAIRE. — Qui soupçonnez-vous de ce vol?

HARPAGON. — Tout le monde; et je veux que vous arrêtiez prisonniers la ville et les faubourgs.

LE COMMISSAIRE. — Il faut, si vous m'en croyez, n'effaroucher personne, et tâcher doucement d'attraper quelques preuves, afin de procéder après, par la rigueur, au recouvrement des deniers qui vous ont été pris. (1)

---

1. *Trébuchantes* : justes et de bon poids. Le *trébuchet* était une petite balance très sensible employée pour vérifier le poids des pièces d'or et s'assurer qu'elles n'avaient pas été rognées.

--- **QUESTIONS** ---

1. SUR LA SCÈNE PREMIÈRE. — La folie d'Harpagon s'est-elle calmée? Mettez en relief le contraste entre les propos de l'avare et le calme du commissaire, qui s'apprête à faire consciencieusement son métier.
— Dans quel genre de comédie semble-t-on s'engager ici?

Scène II. — MAITRE JACQUES, HARPAGON,
LE COMMISSAIRE, SON CLERC.

MAITRE JACQUES, *au bout du théâtre, en se retournant du côté
dont il sort.* — Je m'en vais revenir. Qu'on me l'égorge tout à
l'heure, qu'on me lui fasse griller les pieds, qu'on me le mette
dans l'eau bouillante, et qu'on me le pende au plancher.

HARPAGON. — Qui? celui qui m'a dérobé?

MAITRE JACQUES. — Je parle d'un cochon de lait que votre
intendant me vient d'envoyer, et je veux vous l'accommoder
à ma fantaisie.

HARPAGON. — Il n'est pas question de cela, et voilà monsieur à qui il faut parler d'autre chose.

LE COMMISSAIRE. — Ne vous épouvantez point. Je suis
homme à ne vous point scandaliser[1], et les choses iront dans
la douceur.

MAITRE JACQUES. — Monsieur est de votre souper[2]?

LE COMMISSAIRE. — Il faut ici, mon cher ami, ne rien cacher
à votre maître.

MAITRE JACQUES. — Ma foi, monsieur, je montrerai tout
ce que je sais faire, et je vous traiterai du mieux qu'il me
sera possible.

HARPAGON. — Ce n'est pas là l'affaire.

MAITRE JACQUES. — Si je ne vous fais pas aussi bonne chère
que je voudrais, c'est la faute de monsieur notre intendant,
qui m'a rogné les ailes avec les ciseaux de son économie. (2)

HARPAGON. — Traître, il s'agit d'autre chose que de souper,
et je veux que tu me dises des nouvelles de l'argent qu'on
m'a pris.

MAITRE JACQUES. — On vous a pris de l'argent?

HARPAGON. — Oui, coquin! et je m'en vais te pendre si
tu ne me le rends.

---

1. *Scandaliser* : ici, causer du tort, compromettre la réputation; 2. *Souper* :
voir page 54, note 3.

QUESTIONS

---

2. Étudiez les deux quiproquos qui sont au début de cette scène :
en quoi sont-ils révélateurs du caractère d'Harpagon et de maître
Jacques? En quoi le commissaire, homme fort raisonnable d'ailleurs,
favorise-t-il le plan de maître Jacques?

LE COMMISSAIRE. — Mon Dieu, ne le maltraitez point. Je vois à sa mine qu'il est honnête homme, et que, sans se faire mettre en prison, il vous découvrira ce que vous voulez savoir. Oui, mon ami, si vous nous confessez la chose, il ne vous sera fait aucun mal et vous serez récompensé comme il faut par votre maître. On lui a pris aujourd'hui son argent, et il n'est pas que vous ne sachiez[1] quelques nouvelles de cette affaire.

MAITRE JACQUES, *à part.* — Voici justement ce qu'il me faut pour me venger de notre intendant : depuis qu'il est entré céans[2], il est le favori, on n'écoute que ses conseils; et j'ai aussi sur le cœur les coups de bâton de tantôt. **(3)**

HARPAGON. — Qu'as-tu à ruminer?

LE COMMISSAIRE. — Laissez-le faire. Il se prépare à vous contenter, et je vous ai bien dit qu'il était honnête homme.

MAITRE JACQUES. — Monsieur, si vous voulez que je vous dise les choses, je crois que c'est monsieur votre cher intendant qui a fait le coup.

HARPAGON. — Valère?

MAITRE JACQUES. — Oui.

HARPAGON. — Lui, qui me paraît si fidèle?

MAITRE JACQUES. — Lui-même. Je crois que c'est lui qui vous a dérobé.

HARPAGON. — Et sur quoi le crois-tu?

MAITRE JACQUES. — Sur quoi?

HARPAGON. — Oui.

MAITRE JACQUES. — Je le crois... sur ce que je le crois.

LE COMMISSAIRE. — Mais il est nécessaire de dire les indices que vous avez.

HARPAGON. — L'as-tu vu rôder autour du lieu où j'avais mis mon argent?

MAITRE JACQUES. — Oui, vraiment. Où était-il votre argent?

HARPAGON. — Dans le jardin.

---

1. Il n'est pas possible que vous ne sachiez pas; 2. *Céans :* voir page 49, note 2.

— QUESTIONS —

3. Réaction du spectateur quand il apprend le plan de maître Jacques.

MAITRE JACQUES. — Justement. Je l'ai vu rôder dans le jardin. Et dans quoi est-ce que cet argent était?

HARPAGON. — Dans une cassette.

MAITRE JACQUES. — Voilà l'affaire. Je lui ai vu une cassette.

HARPAGON.— Et cette cassette, comme est-elle faite? Je verrai bien si c'est la mienne.

MAITRE JACQUES. — Comment elle est faite?

HARPAGON. — Oui.

MAITRE JACQUES. — Elle est faite... elle est faite comme une cassette.

LE COMMISSAIRE. — Cela s'entend. Mais dépeignez-la un peu, pour voir.

MAITRE JACQUES. — C'est une grande cassette.

HARPAGON. — Celle qu'on m'a volée est petite.

MAITRE JACQUES. — Eh oui! elle est petite, si on le veut prendre par là; mais je l'appelle grande pour ce qu'elle contient.

LE COMMISSAIRE. — Et de quelle couleur est-elle?

MAITRE JACQUES. — De quelle couleur?

LE COMMISSAIRE. — Oui.

MAITRE JACQUES. — Elle est de couleur... là, d'une certaine couleur... Ne sauriez-vous m'aider à dire?

HARPAGON. — Euh!

MAITRE JACQUES. — N'est-elle pas rouge?

HARPAGON. — Non, grise.

MAITRE JACQUES. — Eh! oui, gris-rouge; c'est ce que je voulais dire.

HARPAGON. — Il n'y a point de doute. C'est elle assurément. Écrivez, monsieur, écrivez sa déposition. Ciel! à qui désormais se fier? Il ne faut plus jurer de rien; et je crois, après cela, que je suis homme à me voler moi-même. (4)

─────── QUESTIONS ───────

4. Étudiez le mécanisme du procédé comique dans cet interrogatoire; pourquoi la force comique de cet effet est-elle d'autant plus forte qu'il se prolonge jusqu'au bout? Pourquoi le commissaire laisse-t-il Harpagon se substituer à lui? L'avare mène-t-il bien l'interrogatoire? Pourquoi ne s'aperçoit-il pas qu'il est, à chaque question, dupé par maître Jacques?

MAITRE JACQUES. — Monsieur, le voici qui revient. Ne lui allez pas dire au moins que c'est moi qui vous ai découvert cela. **(5) (6)**

Scène III. — VALÈRE, HARPAGON, LE COMMISSAIRE, SON CLERC, MAITRE JACQUES.

HARPAGON. — Approche. Viens confesser l'action la plus noire, l'attentat le plus horrible qui jamais ait été commis.

VALÈRE. — Que voulez-vous, monsieur?

HARPAGON. — Comment, traître, tu ne rougis pas de ton crime?

VALÈRE. — De quel crime voulez-vous donc parler?

HARPAGON. — De quel crime je veux parler, infâme! comme si tu ne savais pas ce que je veux dire! C'est en vain que tu prétendrais de le déguiser : l'affaire est découverte, et l'on vient de m'apprendre tout. Comment! abuser ainsi de ma bonté et s'introduire exprès chez moi pour me trahir, pour me jouer un tour de cette nature!

VALÈRE. — Monsieur, puisqu'on vous a découvert tout, je ne veux point chercher de détours et vous nier la chose.

MAITRE JACQUES, *à part*. — Oh! oh! Aurais-je deviné sans y penser? **(7)**.

VALÈRE. — C'était mon dessein de vous en parler, et je voulais attendre pour cela des conjonctures favorables; mais, puisqu'il est ainsi, je vous conjure de ne vous point fâcher et de vouloir entendre mes raisons.

HARPAGON. — Et quelles belles raisons peux-tu me donner, voleur infâme?

VALÈRE. — Ah! monsieur, je n'ai pas mérité ces noms. Il

───── **QUESTIONS** ─────

5. Quel trait de caractère de maître Jacques se confirme dans cette dernière réplique?

6. SUR L'ENSEMBLE DE LA SCÈNE II. — Comment cette scène oriente-t-elle l'action, dans la comédie policière que constitue cette première partie de l'acte V?

7. Que pense le spectateur en entendant la dernière réplique de Valère? la dernière réplique de maître Jacques?

est vrai que j'ai commis une offense envers vous; mais, après tout, ma faute est pardonnable[1].

HARPAGON. — Comment, pardonnable? Un guet-apens, un assassinat de la sorte?

VALÈRE. — De grâce, ne vous mettez point en colère. Quand vous m'aurez ouï, vous verrez que le mal n'est pas si grand que vous le faites.

HARPAGON. — Le mal n'est pas si grand que je le fais! Quoi! mon sang, mes entrailles, pendard!

VALÈRE. — Votre sang, monsieur, n'est pas tombé dans de mauvaises mains. Je suis d'une condition à ne lui point faire de tort, et il n'y a rien en tout ceci que je ne puisse bien réparer.

HARPAGON. — C'est bien mon intention, et que tu me restitues ce que tu m'as ravi.

VALÈRE. — Votre honneur, monsieur, sera pleinement satisfait. (8)

HARPAGON. — Il n'est pas question d'honneur là-dedans. Mais, dis-moi, qui t'a porté à cette action? (9)

VALÈRE. — Hélas! me le demandez-vous?

HARPAGON. — Oui, vraiment, je te le demande.

VALÈRE. — Un dieu qui porte les excuses de tout ce qu'il fait faire : l'Amour.

HARPAGON. — L'Amour?

VALÈRE. — Oui.

HARPAGON. — Bel amour, bel amour, ma foi! l'amour de mes louis d'or!

---

1. L'idée de ce quiproquo est empruntée à l'*Aulularia*, de Plaute, où Lyconide parle de Phaedra qu'il a enlevée, tandis qu'Euclion parle de son trésor disparu (acte IV, scène x).

──────── **QUESTIONS** ────────

8. Analysez le mécanisme de ce nouveau quiproquo. Est-ce seulement en jouant sur les mots que Molière le développe? Montrez qu'il est lié à la psychologie des personnages : pourquoi Valère n'a-t-il pas la conscience tout à fait tranquille? Harpagon peut-il penser à autre chose qu'à sa cassette, qu'il aime plus que ses enfants?

9. Ne croit-on pas que le quiproquo va se résoudre? Comment rebondit-il?

VALÈRE. — Non, monsieur, ce ne sont point vos richesses qui m'ont tenté, ce n'est pas cela qui m'a ébloui, et je proteste de ne prétendre rien à tous vos biens, pourvu que vous me laissiez celui que j'ai.

HARPAGON. — Non ferai[1], de par tous les diables! je ne te le laisserai pas. Mais voyez quelle insolence de vouloir retenir le vol qu'il m'a fait!

VALÈRE. — Appelez-vous cela un vol? *theft*

HARPAGON. — Si je l'appelle un vol! un trésor comme celui-là!

VALÈRE. — C'est un trésor, il est vrai, et le plus précieux que vous ayez sans doute; mais ce ne sera pas le perdre que de me le laisser. Je vous le demande à genoux, ce trésor plein de charmes; et, pour bien faire, il faut que vous me l'accordiez.

HARPAGON. — Je n'en ferai rien. Qu'est-ce à dire cela?

VALÈRE. — Nous nous sommes promis une foi mutuelle, et avons fait serment de ne nous point abandonner.

HARPAGON. — Le serment est admirable, et la promesse plaisante!

VALÈRE. — Oui, nous nous sommes engagés d'être l'un à l'autre à jamais.

HARPAGON. — Je vous en empêcherai bien, je vous assure.

VALÈRE. — Rien que la mort ne nous peut séparer.

HARPAGON. — C'est être bien endiablé après mon argent.

VALÈRE. — Je vous ai déjà dit, monsieur, que ce n'était point l'intérêt qui m'avait poussé à faire ce que j'ai fait. Mon cœur n'a point agi par les ressorts que vous pensez, et un motif plus noble m'a inspiré cette résolution.

HARPAGON. — Vous verrez que c'est par charité chrétienne qu'il veut avoir mon bien. Mais j'y donnerai bon ordre, et la justice, pendard effronté, me va faire raison de tout.

VALÈRE. — Vous en userez comme vous voudrez, et me voilà prêt à souffrir toutes les violences qu'il vous plaira; mais je vous prie de croire au moins que, s'il y a du mal, ce n'est moi qu'il en faut accuser, et que votre fille en tout ceci n'est aucunement coupable.

---

1. *Non ferai :* je n'en ferai rien.

HARPAGON. — Je le crois bien, vraiment; il serait fort étrange que ma fille eût trempé dans ce crime. Mais je veux ravoir mon affaire, et que tu me confesses en quel endroit tu me l'as enlevée.

VALÈRE. — Moi? Je ne l'ai point enlevée, et elle est encore chez vous.

HARPAGON, *à part.* — O ma chère cassette! *(Haut.)* Elle n'est point sortie de ma maison?

VALÈRE. — Non, monsieur.

HARPAGON. — Hé! dis-moi donc un peu : tu n'y as point touché?

VALÈRE. — Moi, y toucher! Ah! vous lui faites tort, aussi bien qu'à moi; et c'est d'une ardeur toute pure et respectueuse que j'ai brûlé pour elle (10).

HARPAGON, *à part.* — Brûlé pour ma cassette! (11)

VALÈRE. — J'aimerais mieux mourir que de lui avoir fait paraître aucune pensée offensante : elle est trop sage et trop honnête pour cela.

HARPAGON, *à part.* — Ma cassette trop honnête!

VALÈRE. — Tous mes désirs se sont bornés à jouir de sa vue, et rien de criminel n'a profané la passion que ses beaux yeux m'ont inspirée.

HARPAGON, *à part.* — Les beaux yeux de ma cassette! Il parle d'elle comme un amant d'une maîtresse.

VALÈRE. — Dame Claude, monsieur, sait la vérité de cette aventure, et elle vous peut rendre témoignage...

HARPAGON. — Quoi! ma servante est complice de l'affaire.

VALÈRE. — Oui, monsieur, elle a été témoin de notre engagement; et c'est après avoir connu l'honnêteté de ma flamme qu'elle m'a aidé à persuader votre fille de me donner sa foi et recevoir la mienne.

HARPAGON, *à part.* — Eh! Est-ce que la peur de la justice

─────── **QUESTIONS** ───────

10. Montrez que le vocabulaire utilisé par Valère revient de plus en plus précis : pourquoi la méprise d'Harpagon se poursuit-elle cependant?
11. Quelle est l'importance de cette réplique dans le déroulement du quiproquo?

le fait extravaguer? *(A Valère.)* Que nous brouilles-tu ici de ma fille[1]?

VALÈRE. — Je dis, monsieur, que j'ai eu toutes les peines du monde à faire consentir sa pudeur à ce que voulait mon amour.

HARPAGON. — La pudeur de qui?

VALÈRE. — De votre fille; et c'est seulement depuis hier qu'elle a pu se résoudre à nous signer mutuellement une promesse de mariage.

HARPAGON. — Ma fille t'a signé une promesse de mariage?

VALÈRE. — Oui, monsieur, comme de ma part je lui en ai signé une.

HARPAGON. — O ciel! autre disgrâce! **(12)**

MAITRE JACQUES, *au commissaire.* — Écrivez, monsieur, écrivez.

HARPAGON. — Rengrégement[2] de mal! surcroît de désespoir! Allons, monsieur, faites le dû de votre charge[3] et dressez-lui-moi son procès comme larron[4] et comme suborneur[5]. **(13)**

VALÈRE. — Ce sont des noms qui ne me sont point dus; et quand on saura qui je suis... **(14)**

Scène IV. — ÉLISE, MARIANE, FROSINE, HARPAGON, VALÈRE, MAITRE JACQUES, LE COMMISSAIRE, SON CLERC.

HARPAGON. — Ah! fille scélérate, fille indigne d'un père comme moi! c'est ainsi que tu pratiques les leçons que je t'ai données! Tu te laisses prendre d'amour pour un voleur

---

1. Pourquoi nous embrouilles-tu en parlant de ma fille? 2. *Rengrégement :* redoublement, accroissement. Ce mot, qui était déjà vieilli au temps de Molière, est bien placé dans la bouche d'Harpagon chez qui tout est à l'ancienne mode; 3. Exercez vos fonctions; 4. *Larron :* voleur de grand chemin; 5. *Suborneur :* séducteur.

QUESTIONS

12. Comment s'est dénouée l'équivoque? Pouvait-elle cesser brusquement?

13. L'effet comique de cette réplique : la curieuse logique d'Harpagon. L'obstination d'Harpagon, qui veut absolument faire de Valère son voleur, contribue aussi à simplifier la situation : montrez-le.

14. SUR L'ENSEMBLE DE LA SCÈNE III. — Le développement du quiproquo dans toute cette scène : Molière était-il sûr de faire rire le public en le prolongeant aussi longtemps?

infâme, et tu lui engages ta foi sans mon consentement! Mais vous serez trompés l'un et l'autre. *(A Elise.)* Quatre bonnes murailles me répondront de ta conduite[1]; *(à Valère)* et une bonne potence me fera raison de ton audace.

VALÈRE. — Ce ne sera point votre passion qui jugera l'affaire; et l'on m'écoutera au moins avant que de me condamner.

HARPAGON. — Je me suis abusé de dire une potence, et tu seras roué tout vif[2].

ÉLISE, *à genoux devant son père*. — Ah! mon père, prenez des sentiments un peu plus humains, je vous prie, et n'allez point pousser les choses dans les dernières violences du pouvoir paternel. Ne vous laissez point entraîner aux premiers mouvements de votre passion, et donnez-vous le temps de considérer ce que vous voulez faire. Prenez la peine de mieux voir celui dont vous vous offensez[3]; il est tout autre que vos yeux ne le jugent, et vous trouverez moins étrange que je me sois donnée à lui lorsque vous saurez que sans lui vous ne m'auriez plus il y a longtemps. Oui, mon père, c'est celui qui me sauva de ce grand péril que vous savez que je courus dans l'eau, et à qui vous devez la vie de cette même fille dont...

HARPAGON. — Tout cela n'est rien, et il valait bien mieux pour moi qu'il te laissât noyer que de faire ce qu'il a fait.

ÉLISE. — Mon père, je vous conjure par l'amour paternel de me...

HARPAGON. — Non, non, je ne veux rien entendre, et il faut que la justice fasse son devoir.

MAITRE JACQUES, *à part*. — Tu me payeras mes coups de bâton.

FROSINE, *à part*. — Voici un étrange embarras. **(15)**

---

1. Harpagon songe à faire enfermer sa fille dans un couvent; 2. Dans sa fureur Harpagon menace Valère de châtiments qui étaient réservés aux voleurs de grand chemin; 3. *S'offenser de* : ne pourrait plus se construire aujourd'hui avec un nom de personne.

───────── **QUESTIONS** ─────────

15. SUR LA SCÈNE IV. — Montrez que cette scène contient les éléments traditionnels d'un dénouement heureux et attendrissant : comment Molière s'en est-il servi pour mieux mettre en relief la cruauté et l'égoïsme d'Harpagon?

Scène V. — ANSELME, HARPAGON, ÉLISE, MARIANE, FROSINE, VALÈRE, MAITRE JACQUES, LE COMMISSAIRE, SON CLERC.

ANSELME. — Qu'est-ce, seigneur Harpagon? je vous vois tout ému.

HARPAGON. — Ah! seigneur Anselme, vous me voyez le plus infortuné de tous les hommes, et voici bien du trouble et du désordre au contrat que vous venez faire! On m'assassine dans le bien, on m'assassine dans l'honneur; et voilà un traître, un scélérat qui a violé tous les droits les plus saints, qui s'est coulé[1] chez moi sous le titre de domestique[2] pour me dérober mon argent et pour me suborner ma fille.

VALÈRE. — Qui songe à votre argent, dont vous me faites un galimatias? **(16)**

HARPAGON. — Oui, ils se sont donné l'un à l'autre une promesse de mariage. Cet affront vous regarde, seigneur Anselme, et c'est vous qui devez vous rendre partie[3] contre lui et faire toutes les poursuites de la justice pour vous venger de son insolence.

ANSELME. — Ce n'est pas mon dessein de me faire épouser par force et de rien prétendre à un cœur qui se serait donné; mais, pour vos intérêts, je suis prêt à les embrasser ainsi que les miens propres.

HARPAGON. — Voilà, monsieur, qui est un honnête commissaire, qui n'oubliera rien, à ce qu'il m'a dit, de la fonction de son office. *(Au commissaire.)* Chargez-le comme il faut, monsieur, et rendez les choses bien criminelles.

VALÈRE. — Je ne vois pas quel crime on me peut faire de la passion que j'ai pour votre fille, et le supplice où vous croyez que je puisse être condamné pour notre engagement, lorsqu'on saura ce que je suis...

---

1. *Se couler :* ici, s'introduire furtivement; 2. *Domestique :* voir page 23, note 3; 3. L'attaquer en justice. L'adversaire dans un procès s'appelle la *partie.*

───────── QUESTIONS ─────────

16. Sur quelle situation comique (voir fin de la scène III) Molière insiste-t-il pour fonder son dénouement?

HARPAGON. — Je me moque de tous ces contes; et le monde aujourd'hui n'est plein que de ces larrons de noblesse[1], que de ces imposteurs qui tirent avantage de leur obscurité et s'habillent insolemment du premier nom illustre qu'ils s'avisent de prendre.

VALÈRE. — Sachez que j'ai le cœur trop bon[2] pour me parer de quelque chose qui ne soit point à moi, et que tout Naples peut rendre témoignage de ma naissance.

ANSELME. — Tout beau[3]. Prenez garde à ce que vous allez dire. Vous risquez ici plus que vous ne pensez, et vous parlez devant un homme à qui tout Naples est connu, et qui peut aisément voir clair dans l'histoire que vous ferez.

VALÈRE, *en mettant fièrement son chapeau.* — Je ne suis point homme à rien craindre; et, si Naples vous est connu, vous savez qui était dom[4] Thomas d'Alburcy.

ANSELME. — Sans doute je le sais, et peu de gens l'ont connu mieux que moi.

HARPAGON. — Je ne me soucie ni de dom Thomas ni de dom Martin.

ANSELME. — De grâce, laissez-le parler; nous verrons ce qu'il en veut dire[5]. **(17)**

VALÈRE. — Je veux dire que c'est lui qui m'a donné le jour.

ANSELME. — Lui?

VALÈRE. — Oui.

---

1. *Larrons de noblesse :* filous qui usurpent de faux titres de noblesse; 2. *Trop fier,* trop noble; 3. *Tout beau :* doucement. L'expression, qui appartenait au style noble au début du XVIIe siècle (cf. *Polyeucte,* v. 1215), disparaît du style soutenu; 4. Orthographe habituelle au XVIIe siècle pour *don; 5.* Ici commence, selon une tradition qui remonte peut-être à Molière, mais qu'on a ouvent critiquée, le jeu de scène de la bougie. Harpagon éteint une des deux bougies qui éclairent la table du commissaire, maître Jacques la rallume; Harpagon l'éteint à nouveau et la tient dans ses bras croisés, mais maître Jacques profite d'un moment d'inattention d'Harpagon pour la rallumer. Harpagon s'en aperçoit, éteint la bougie et la glisse dans sa poche. Maître Jacques rallume encore la mèche qui dépasse et Harpagon se brûle la main.

QUESTIONS

17. Quelle est l'utilité du jeu de scène indiqué dans la note 5 et qui se prolonge pendant tout le dialogue de Valère, d'Anselme et de Mariane?

ANSELME. — Allez. Vous vous moquez. Cherchez quelque autre histoire qui vous puisse mieux réussir, et ne prétendez pas vous sauver sous cette imposture.

VALÈRE. — Songez à mieux parler. Ce n'est point une imposture, et je n'avance rien qu'il ne me soit aisé de justifier.

ANSELME. — Quoi! vous osez vous dire fils de dom Thomas d'Alburcy?

VALÈRE. — Oui, je l'ose, et je suis prêt de soutenir cette vérité contre qui que ce soit.

ANSELME. — L'audace est merveilleuse! Apprenez, pour vous confondre, qu'il y a seize ans pour le moins que l'homme dont vous nous parlez périt sur mer avec ses enfants et sa femme en voulant dérober leur vie aux cruelles persécutions qui ont accompagné les désordres de Naples[1], et qui en firent exiler plusieurs nobles familles.

VALÈRE. — Oui; mais apprenez, pour vous confondre, vous, que son fils, âgé de sept ans, avec un domestique, fut sauvé de ce naufrage par un vaisseau espagnol, et que ce fils sauvé est celui qui vous parle. Apprenez que le capitaine de ce vaisseau, touché de ma fortune, prit amitié pour moi, qu'il me fit élever comme son propre fils, et que les armes furent mon emploi dès que je m'en trouvai capable; que j'ai su depuis peu que mon père n'était point mort, comme je l'avais toujours cru; que, passant ici pour l'aller chercher, une aventure par le ciel concertée me fit voir la charmante Élise; que cette vue me rendit esclave de ses beautés, et que la violence de mon amour et les sévérités de son père me firent prendre la résolution de m'introduire dans son logis et d'envoyer un autre à la quête de mes parents.

ANSELME. — Mais quels témoignages encore, autres que vos paroles, nous peuvent assurer que ce ne soit point une fable que vous ayez bâtie sur une vérité?

---

1. Sans doute la révolte populaire fomentée le 7 juillet 1647 par le pêcheur Masaniello; celui-ci fut tué dès le 16 juillet, mais l'agitation se prolongea, prenant la forme d'une rébellion contre la domination espagnole; lors de la répression, beaucoup de familles nobles s'exilèrent; les *seize ans*, dont parle Molière, situeraient donc l'action de *l'Avare* en 1663-1664. Faut-il en conclure que Molière avait déjà conçu et écrit certains passages de *l'Avare* à cette époque? Ce n'est pas un argument suffisant. Il faut seulement remarquer le soin que Molière a mis à donner un fondement historique, donc vraisemblable, aux aventures de ses personnages.

VALÈRE. — Le capitaine espagnol, un cachet de rubis qui était à mon père, un bracelet d'agate que ma mère m'avait mis au bras, le vieux Pedro, ce domestique qui se sauva avec moi du naufrage.

MARIANE. — Hélas! à vos paroles, je puis ici répondre, moi, que vous n'imposez[1] point; et tout ce que vous dites me fait connaître clairement que vous êtes mon frère.

VALÈRE. — Vous, ma sœur?

MARIANE. — Oui, mon cœur s'est ému dès le moment que vous avez ouvert la bouche; et notre mère, que vous allez ravir, m'a mille fois entretenue des disgrâces de notre famille. Le ciel ne nous fit point aussi[2] périr dans ce triste naufrage; mais il ne nous sauva la vie que par la perte de notre liberté, et ce furent des corsaires qui nous recueillirent, ma mère et moi, sur un débris de notre vaisseau. Après dix ans d'esclavage, une heureuse fortune nous rendit notre liberté, et nous retournâmes dans Naples, où nous trouvâmes tout notre bien vendu, sans y pouvoir trouver des nouvelles de notre père. Nous passâmes à Gênes, où ma mère alla ramasser quelques malheureux restes d'une succession qu'on avait déchirée[3], et de là, fuyant la barbare injustice de ses parents, elle vint en ces lieux, où elle n'a presque vécu que d'une vie languissante.

ANSELME. — O ciel, quels sont les traits de ta puissance! et que tu fais bien voir qu'il n'appartient qu'à toi de faire des miracles! Embrassez-moi, mes enfants, et mêlez tous deux vos transports à ceux de votre père.

VALÈRE. — Vous êtes notre père?

MARIANE. — C'est vous que ma mère a tant pleuré?

ANSELME. — Oui, ma fille, oui, mon fils, je suis dom Thomas d'Alburcy, que le ciel garantit des ondes avec tout l'argent qu'il portait, et qui, vous ayant tous crus morts durant plus de seize ans, se préparait, après de longs voyages, à chercher dans l'hymen d'une douce et sage personne la consolation de quelque nouvelle famille. Le peu de sûreté que j'ai vu

---

1. Vous ne mentez pas, vous n'êtes pas un imposteur; 2. *Aussi* ne pourrait aujourd'hui se combiner avec une négation que dans une phrase interrogative il faudrait *non plus*); 3. *Déchirée :* pillée et dispersée.

pour ma vie à retourner à Naples m'a fait y renoncer pour toujours, et, ayant su trouver moyen d'y faire vendre ce que j'avais, je me suis habitué[1] ici, où, sous le nom d'Anselme, j'ai voulu m'éloigner[2] les chagrins de cet autre nom qui m'a causé tant de traverses[3]. **(18)**

HARPAGON. — C'est là votre fils?

ANSELME. — Oui.

HARPAGON. — Je vous prends à partie[4] pour me payer dix mille écus qu'il m'a volés.

ANSELME. — Lui, vous avoir volé?

HARPAGON. — Lui-même.

VALÈRE. — Qui vous dit cela?

HARPAGON. — Maître Jacques.

VALÈRE. — C'est toi qui le dis?

MAITRE JACQUES. — Vous voyez que je ne dis rien.

HARPAGON. — Oui. Voilà monsieur le commissaire qui a reçu sa déposition.

VALÈRE. — Pouvez-vous me croire capable d'une action si lâche?

HARPAGON. — Capable ou non capable, je veux ravoir mon argent. **(19) (20)**

―――――

1. Je me suis installé, j'ai établi mon domicile; 2. Éloigner de moi; 3. *Traverses :* voir page 81, note 3; 4. Je vous attaque en justice.

――――― **QUESTIONS** ―――――

18. Relevez dans toute cette scène les éléments traditionnels du roman d'aventures. — Les complications multiples de cette histoire sont-elles propres à passionner le spectateur d'aujourd'hui? Pouvaient-elles intéresser davantage le spectateur du XVIIᵉ siècle?

19. Harpagon paraît-il se souvenir de son projet de mariage? Est-il naturel qu'il ne songe plus désormais qu'à sa cassette? De quelle idée ne veut-il pas démordre?

20. Pourquoi Molière a-t-il adopté ce dénouement romanesque? Pouvait-il imaginer une autre issue à sa pièce? Essayez vous-même de composer un autre dénouement. — Connaissez-vous d'autres comédies où Molière ait usé du même procédé?

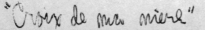
"Croix de ma mère"

Scène VI. — CLÉANTE, VALÈRE, MARIANE, ÉLISE,
FROSINE, HARPAGON, ANSELME,
MAITRE JACQUES, LA FLÈCHE,
LE COMMISSAIRE, SON CLERC.

CLÉANTE. — Ne vous tourmentez point, mon père, et
n'accusez personne. J'ai découvert des nouvelles de votre
affaire, et je viens ici pour vous dire que, si vous voulez
vous résoudre à me laisser épouser Mariane, votre argent
vous sera rendu.

HARPAGON. — Où est-il?

CLÉANTE. — Ne vous mettez point en peine. Il est en lieu
dont je réponds, et tout ne dépend que de moi. C'est à vous
de me dire à quoi vous vous déterminez; et vous pouvez
choisir, ou de me donner Mariane, ou de perdre votre cassette.

HARPAGON. — N'en a-t-on rien ôté?

CLÉANTE. — Rien du tout. Voyez si c'est votre dessein
de souscrire à ce mariage et de joindre votre consentement
à celui de sa mère, qui lui laisse la liberté de faire un choix
entre nous deux.

MARIANE. — Mais vous ne savez pas que ce n'est pas assez
que ce consentement et que le ciel, avec un frère que vous
voyez, vient de me rendre un père dont vous avez à m'obtenir.

ANSELME. — Le ciel, mes enfants, ne me redonne point
à vous pour être contraire à vos vœux. Seigneur Harpagon,
vous jugez bien que le choix d'une jeune personne tombera
sur le fils plutôt que sur le père. Allons, ne vous faites point
dire ce qu'il n'est pas nécessaire d'entendre et consentez
ainsi que moi à ce double hyménée.

HARPAGON. — Il faut, pour me donner conseil, que je
voie ma cassette.

CLÉANTE. — Vous la verrez saine et entière.

HARPAGON. — Je n'ai point d'argent à donner en mariage
à mes enfants.

ANSELME. — Hé bien, j'en ai pour eux, que cela ne vous
inquiète point.

HARPAGON. — Vous obligerez-vous à faire tous les frais
de ces deux mariages?

ANSELME. — Oui, je m'y oblige. Etes-vous satisfait?

HARPAGON. — Oui, pourvu que pour les noces vous me fassiez faire un habit.

ANSELME. — D'accord. Allons jouir de l'allégresse que cet heureux jour nous présente.

LE COMMISSAIRE. — Holà, messieurs, holà! Tout doucement, s'il vous plaît. Qui me payera mes écritures[1]?

HARPAGON. — Nous n'avons que faire de vos écritures.

LE COMMISSAIRE. — Oui. Mais je ne prétends pas, moi, les avoir faites pour rien.

HARPAGON, *montrant maître Jacques*. — Pour votre payement, voilà un homme que je vous donne à pendre.

MAITRE JACQUES. — Hélas! comment faut-il donc faire? On me donne des coups de bâton pour dire vrai, et on me veut pendre pour mentir.

ANSELME. — Seigneur Harpagon, il faut lui pardonner cette imposture!

HARPAGON. — Vous payerez donc le commissaire?

ANSELME. — Soit. Allons vite faire part de notre joie à votre mère.

HARPAGON. — Et moi, voir ma chère cassette. **(21) (22)**

---

1. Il s'agit de la déposition de maître Jacques et de l'aveu de Valère, consignés par écrit sur la requête d'Harpagon.

───────── **QUESTIONS** ─────────

21. SUR LA SCÈNE VI. — Sur quoi Molière veut-il ramener l'attention du spectateur dans la dernière partie de la scène? Quelle valeur prend en particulier le dernier mot de la pièce?
— Imaginez l'état d'esprit d'Harpagon : regrette-t-il de ne pas avoir marié ses enfants de la façon dont il le voulait? Pense-t-il à l'échec de son propre projet de mariage?
— Le contraste entre le caractère d'Anselme et celui d'Harpagon.
22. SUR L'ENSEMBLE DE L'ACTE V. — Harpagon est-il guéri de son avarice? Qu'en conclure sur la morale de Molière? Confirmez cette morale par des exemples tirés d'autres comédies du même auteur.

DÉCOR DE L'AVARE
À LA
COMÉDIE-FRANÇAISE

Acte V, scène V.

Anselme. — Qu'est-ce, seigneur Harpagon? je vous
vois tout ému.

Phot. Lipnitzki.

Acte V, scène V. — Tout ce
que vous dites me fait
connaître clairement que
vous êtes mon frère.

De gauche à droite :
Mariane, Valère, Elise,
Anselme, Harpagon,
Frosine.

Théâtre
national populaire.

Phot. Agnès Varda.

DOCUMENTATION THÉMATIQUE

réunie par la Rédaction des Nouveaux Classiques Larousse.

1. L'avarice : psychologie de l'avare selon La Fontaine.
2. L'attitude catholique face au prêt usuraire : Pascal et Petitpied.
3. L'avare et les dépenses : une lettre de Pline, une « historiette » de Tallemant des Réaux.
4. Dureté de cœur de l'avare : Shakespeare, Tallemant des Réaux.
5. Quelques avares contemporains de Molière dépeints par Boileau et Tallemant des Réaux.
6. Le personnage de l'avare et la tradition théâtrale : tragique et bouffonnerie. Textes de Plaute, Larivey et Boisrobert.
7. Les difficultés de l'établissement des enfants au XVIIᵉ siècle.

1. L'AVARICE : PSYCHOLOGIE DE L'AVARE SELON LA FONTAINE

On doit se souvenir de ces mots de Montaigne : « Les biens de la fortune, tous tels qu'ils sont, encore faut-il avoir le sentiment propre à les savourer. C'est le jouir, non le posséder qui nous rend heureux. » « L'usage seulement fait la possession », telle est la moralité de la fable intitulée : *L'Avare qui a perdu son trésor*.

{ Outre les qualités purement poétiques de cette fable, on tentera de préciser pourquoi l'attitude de l'avare est absurde, et surtout on rapprochera les lamentations de cet avare et celles d'Harpagon :

L'AVARE QUI A PERDU SON TRÉSOR

L'usage seulement fait la possession.
Je demande à ces gens de qui la passion
Est d'entasser toujours, mettre somme sur somme,
Quel avantage ils ont que n'ait pas un autre homme.
Diogène là-bas est aussi riche qu'eux,
Et l'avare ici-haut comme lui vit en gueux.
L'homme au trésor caché qu'Esope nous propose,
      Servira d'exemple à la chose.

      Ce malheureux attendait,
Pour jouir de son bien, une seconde vie ;
Ne possédait pas l'or, mais l'or le possédait.
Il avait dans la terre une somme enfouie,
      Son cœur avec, n'ayant autre déduit
      Que d'y ruminer jour et nuit,
Et rendre sa chevance à lui-même sacrée.
Qu'il allât ou qu'il vînt, qu'il bût ou qu'il mangeât,
On l'eût pris de bien court, à moins qu'il ne songeât
A l'endroit où gisait cette somme enterrée.
Il y fit tant de tours qu'un fossoyeur le vit,
Se douta du dépôt, l'enleva sans rien dire.
Notre avare, un beau jour, ne trouva que le nid.
Voilà mon homme aux pleurs ; il gémit, il soupire,
      Il se tourmente, il se déchire.
Un passant lui demande à quel sujet ces cris.
      « C'est mon trésor que l'on m'a pris.
— Votre trésor ? où pris ? — Tout joignant cette pierre.
      — Eh ! sommes-nous en temps de guerre
Pour l'apporter si loin ? N'eussiez-vous pas mieux fait
      De le laisser chez vous en votre cabinet,
      Que de le changer de demeure ?
Vous auriez pu sans peine y puiser à toute heure.

> — A toute heure, bons dieux! ne tient-il qu'à cela ?
>   L'argent vient-il comme il s'en va ?
> Je n'y touchais jamais. — Dites-moi donc, de grâce,
> Reprit l'autre, pourquoi vous vous affligez tant,
> Puisque vous ne touchiez jamais à cet argent :
>
>   Mettez une pierre à la place,
>   Elle vous vaudra tout autant. »

Il faut souligner que la satire de l'avarice est un thème que La Fontaine affectionne particulièrement, témoin ces quelques vers qui servent d'introduction à la fable *le Loup et le Chasseur* (VIII, 27) :

> Fureur d'accumuler, monstre de qui les yeux
> Regardent comme un point tous les bienfaits des dieux,
> Te combattrai-je en vain sans cesse en cet ouvrage ?
> Quel temps demandes-tu pour suivre mes leçons ?
> L'homme, sourd à ma voix comme à celle du sage,
> Ne dira-t-il jamais : « C'est assez, jouissons » ?
> — Hâte-toi, mon ami, tu n'as pas tant à vivre.
> Je te rebats ce mot, car il vaut tout un livre :
> Jouis. — Je le ferai. — Mais quand donc ? — Dès demain.
> — Eh! mon ami, la mort te peut prendre en chemin.
> Jouis dès aujourd'hui : redoute un sort semblable
> A celui du Chasseur et du Loup de ma fable.

Mais plutôt que cette fable, nous citerons celle du *Thésauriseur et le Singe;* elle met en effet en scène un véritable avare.

> Vous en dégagerez vous-même la moralité et tenterez de détermi-
> ner, d'après ce que vous savez de la personnalité de La Fon-
> taine, la conception de la vie qui lui fait condamner l'avarice.

LE THÉSAURISEUR ET LE SINGE

> Un homme accumulait. On sait que cette erreur
>   Va souvent jusqu'à la fureur.
> Celui-ci ne songeait que ducats et pistoles.
> Quand ces biens sont oisifs, je tiens qu'ils sont frivoles.
>   Pour sûreté de son trésor,
> Notre Avare habitait un lieu dont Amphitrite
> Défendait aux voleurs de toutes parts l'abord.
> Là, d'une volupté selon moi fort petite,
> Et selon lui fort grande, il entassait toujours;
>   Il passait les nuits et les jours
> A compter, calculer, supputer sans relâche,
> Calculant, supputant, comptant comme à la tâche :
> Car il trouvait toujours du mécompte à son fait.
> Un gros Singe, plus sage, à mon sens, que son maître,
> Jetait quelque doublon toujours par la fenêtre,

Et rendait le compte imparfait.
    La chambre, bien cadenassée,
Permettait de laisser l'argent sur le comptoir.
Un beau jour dom Bertrand se mit dans la pensée
D'en faire un sacrifice au liquide manoir.
    Quant à moi, lorsque je compare
Les plaisirs de ce Singe à ceux de cet Avare,
Je ne sais bonnement auxquels donner le prix.
Dom Bertrand gagnerait près de certains esprits ;
Les raisons en seraient trop longues à déduire.
Un jour donc l'Animal, qui ne songeait qu'à nuire,
Détachait du monceau tantôt quelque doublon,
    Un jacobus, un ducaton
    Et puis quelque noble à la rose ;
Eprouvait son adresse et sa force à jeter
Ces morceaux de métal, qui se font souhaiter
    Par les humains sur toute chose.
S'il n'avait entendu son compteur à la fin
    Mettre la clef dans la serrure,
Les ducats auraient tous pris le même chemin,
    Et couru la même aventure ;
Il les aurait tous fait voler jusqu'au dernier
Dans le gouffre enrichi par maint et maint naufrage.
Dieu veuille préserver maint et maint financier
    Qui n'en fait pas meilleur ouvrage ! (xii, 3.)

2. L'ATTITUDE CATHOLIQUE FACE AU PRÊT USURAIRE : PASCAL ET PETITPIED

Même si les préoccupations religieuses semblent absentes de la pièce de Molière, il est intéressant de connaître la polémique qui opposa jésuites et jansénistes à propos de l'usure. On a souvent souligné qu'Harpagon était impitoyable jusqu'à la monstruosité. Le texte d'un théologien qui écrivait à la fin du règne de Louis XIV va nous montrer qu'il était aussi impie : il s'agit d'une lettre de Nicolas Petitpied qui semble, autant qu'on en puisse juger, être assez proche de la conception janséniste.

{ On appliquera ses propos au personnage d'Harpagon.

L'emprunt usuraire est toujours un péché de la part de celui qui prête et ne peut être tolérable de la part de celui qui emprunte que dans les cas d'une vraie et grande nécessité, et comme le dit saint Thomas « quand il faut subvenir à sa nécessité ou à la nécessité d'un autre ».
Le saint docteur enseigne que même dans les cas de nécessité on ne peut emprunter à usure qu'en s'adressant à des usuriers de profession, auxquels on n'inspire pas par là cette volonté

usuraire puisqu'ils l'ont déjà [...]. Mais il n'est pas permis [...]
d'emprunter indifféremment à usure de toutes sortes de personnes et de donner un sujet de tentation à ceux qui d'ailleurs
ne seraient point disposés à faire ces sortes de prêts usuraires.
Les tenter par l'appât du gain, ce serait pécher contre la charité et induire le prochain à faire ce que la loi de Dieu défend.
Si l'on répond que c'est tant pis pour le créancier s'il prend
des intérêts usuraires, on fait voir qu'on ne se met guère en
peine du précepte de l'amour du prochain qu'on viole ouver-
tement en lui présentant un piège pour le faire tomber dans
le péché [...].

On lira ensuite un passage de la huitième des *Provinciales* de
Pascal. On fera la part de l'usage polémique que fait l'auteur
de citations de pères jésuites ; on montrera surtout comment
l'attitude d'Harpagon est aussi éloignée du jansénisme que
de la casuistique ; on se demandera si elle n'est pas purement
et simplement areligieuse.

Parlons maintenant des gens d'affaires. Vous savez que la
plus grande peine qu'on ait avec eux est de les détourner de
l'usure ; et c'est aussi à quoi nos Pères ont pris un soin particulier ; car ils détestent si fort ce vice qu'Escobar dit au tr. III,
ex. 5, n. I, *que de dire que l'usure n'est pas péché, ce serait
une hérésie.* Et notre Père Bauny, dans sa *Somme des péchés*,
chap. XIV, remplit plusieurs pages des peines dues aux usuriers.
Il les déclare *infâmes durant leur vie, et indignes de sépulture
après leur mort.* Ô mon Père ! je ne le croyais pas si sévère.
Il l'est quand il le faut, me dit-il : mais aussi ce savant casuiste
ayant remarqué qu'on n'est attiré à l'usure que par le désir
du gain, il dit au même lieu : *L'on n'obligerait donc pas peu
le monde, si, le garantissant des mauvais effets de l'usure, et
tout ensemble du péché qui en est la cause, l'on lui donnait
le moyen de tirer autant et plus de profit de son argent par
quelque bon et légitime emploi, que l'on en tire des usures.*
Sans doute, mon Père, il n'y aurait plus d'usuriers après cela.
Et c'est pourquoi, dit-il, il en a fourni une *méthode générale
pour toutes sortes de personnes ; gentilshommes, présidents,
conseillers, etc.,* et si facile qu'elle ne consiste qu'en l'usage
de certaines paroles qu'il faut prononcer en prêtant son argent ;
ensuite desquelles on peut en prendre du profit, sans craindre
qu'il soit usuraire, comme il est sans doute qu'il l'aurait été
autrement. Et quels sont donc ces termes mystérieux, mon
Père ? Les voici, me dit-il, et en mots propres ; car vous savez
qu'il a fait son livre de la *Somme des péchés* en français, *pour
être entendu de tout le monde,* comme il le dit dans la préface.
*Celui à qui on demande de l'argent répondra donc en cette
sorte : je n'ai point d'argent à prêter ; si ai bien à mettre à*

profit honnête et licite. Si désirez la somme que demandez pour la faire valoir par votre industrie à moitié gain, moitié perte, peut-être m'y résoudrai-je. Bien est vrai qu'à cause qu'il y a trop de peine à s'accommoder pour le profit, si vous m'en voulez assurer un certain, et quant et quant aussi mon sort principal, qu'il ne coure fortune, nous tomberions bien plutôt d'accord, et vous ferai toucher argent dans cette heure. N'est-ce pas là un moyen bien aisé de gagner de l'argent sans pécher ? Et le Père Bauny n'a-t-il pas raison de dire ces paroles, par lesquelles il conclut cette méthode : *Voilà, à mon avis, le moyen par lequel quantité de personnes dans le monde, qui, par leurs usures, extorsions et contrats illicites, se provoquent la juste indignation de Dieu, se peuvent sauver en faisant de beaux, honnêtes et licites profits ?*

Ô mon Père ! lui dis-je, voilà des paroles bien puissantes ! Sans doute elles ont quelque vertu occulte pour chasser l'usure, que je n'entends pas : car j'ai toujours pensé que ce péché consistait à retirer plus d'argent qu'on n'en a prêté. Vous l'entendez bien peu, me dit-il. L'usure ne consiste presque, selon nos Pères, qu'en l'intention de prendre ce profit comme usuraire. Et c'est pourquoi notre Père Escobar fait éviter l'usure par un simple détour d'intention. C'est au tr. III, ex. 5, n. 4, 33, 44. *Ce serait usure*, dit-il, *de prendre du profit de ceux à qui on prête, si on l'exigeait comme dû par justice : mais, si on l'exige comme dû par reconnaissance, ce n'est point usure.* Et, n. 3 : *Il n'est pas permis d'avoir l'intention de profiter de l'argent prêté immédiatement ; mais de le prétendre par l'entremise de la bienveillance de celui à qui on l'a prêté,* « mediā benevolentiā », *ce n'est point usure.*

3. L'AVARE ET LES DÉPENSES : UNE LETTRE DE PLINE. UNE « HISTORIETTE » DE TALLEMANT DES RÉAUX

L'avare ne peut se contenter de prêter de l'argent ; les nécessités de la vie le mettent dans la douloureuse obligation de faire des dépenses. C'est dans le domaine alimentaire que la ladrerie se manifeste le plus visiblement dans la vie sociale. Pline le Jeune, le grand épistolier latin, ami de l'empereur Trajan et qui vécut au 1er siècle apr. J.-C., nous raconte le repas qu'il a fait chez un avare.

Vous rapprocherez ce récit d'une scène précise de *l'Avare* et vous tenterez, à votre tour, de faire le récit du repas offert par Harpagon. Vous confronterez enfin l'opinion de Pline et celles de La Fontaine, de Montaigne et d'Horace sur les avares. (II, 6, trad. A.-M. Guillemin, Ed. des Belles Lettres.)

C. PLINE À SON CHER AVITUS SALUT

Il serait trop long de revenir en arrière et peu importent les circonstances qui m'ont amené, sans être vraiment lié avec lui, à dîner chez un homme qui s'estimait magnifique et économe et que je juge pour ma part à la fois avare et dépensier.

A son intention et à celle de quelques amis il faisait servir des mets succulents; pour les autres, de grossiers et maigres *plats*. De même il avait fait répartir les vins dans de petits flacons en trois séries, non pour qu'on eût le choix, mais pour qu'on ne pût refuser; la première était pour lui et pour nous, l'autre pour les amis de moindre importance (car il a une échelle dans ses amitiés), l'autre pour ses affranchis à lui et pour les nôtres. Cet arrangement frappa mon voisin de table et il me demanda si je l'approuvais. « Non, dis-je. — Alors comment donc vous y prenez-vous? demanda-t-il. — Je fais servir tous les convives pareillement; car quand j'invite, c'est à un dîner, non à un affront et je veux que toutes choses soient les mêmes pour des gens que j'ai reçus à la même table et sur les mêmes lits. — Même pour les affranchis? — Même pour les affranchis, car à ce moment je les regarde comme des convives et non comme des affranchis. » Il reprit : « Voilà qui vous coûte cher. — Nullement. — Comment cela? — Comment? mais tout simplement parce que ce ne sont pas mes affranchis qui boivent le même vin que moi, c'est moi qui bois le même vin que mes affranchis. » Et, ma parole! si l'on sait résister à la gourmandise, c'est une mince dépense que de partager avec d'autres ce dont on use soi-même; la gourmandise, voilà ce qu'il faut réprimer et je dirai rappeler à l'ordre, si l'on veut faire des économies qu'il vaut beaucoup mieux réaliser par sa propre tempérance que par une avanie faite à autrui.

A quel propos ces réflexions? Je crains que jeune comme vous l'êtes votre excellent naturel ne s'en laisse imposer par certaines maisons par un luxe de table qui se donne pour économe. L'affection que je vous porte veut que je profite de tout incident de ce genre pour vous mettre en garde par un exemple contre ce que vous devez éviter. Souvenez-vous donc que rien n'est plus à fuir que ce misérable mélange d'intempérance et d'avarice récemment inventé. Ces deux vices, si répugnants quand ils sont isolés et séparés, le sont plus encore une fois réunis. Adieu.

Des traits d'avarice encore plus sombres et plus déroutants se trouvent dans les *Historiettes* de Tallemant des Réaux, recueil d'anecdotes contemporaines de Molière. On y lit par exemple (t. II, p. 626, dans l'édition d'A. Adam, N.R.F.) l'histoire d'un haut magistrat « assez âgé et fort avare » qui était tombé malade.

Au dix-septième jour de sa maladie, il appelle sa femme.
« Madame, lui dit-il, ce M. Bayer fait durer mon mal autant
qu'il peut, cela me ruine ; congédiez-le ; la nature me guérira
bien sans lui. »
Et le soir, il dit à une fille :
« Charlotte, à quoi bon deux chandelles ? Eteignez-en une. »

Tallemant nous cite une autre anecdote à propos de l'avarice de
cet homme :

On dit qu'à l'enterrement de sa seconde femme, comme les
prêtres entonnaient le *Libera*, il recommanda bien les esca-
beaux sur quoi était la bière, en disant : On m'en vola deux
à l'enterrement de ma première femme.

On rapprochera ces traits d'avarice de l'attitude d'Harpagon
tout au long de la pièce, et singulièrement à l'acte V, scène IV,
du jeu de scène des deux chandelles.

4. DURETÉ DE CŒUR DE L'AVARE : SHAKESPEARE. TALLEMANT DES RÉAUX

A côté d'Harpagon, un des grands personnages d'avare est sans
conteste le Shylock du *Marchand de Venise* de Shakespeare. On
ignore pas que dans cette pièce, que l'on date communément
de 1596, l'usurier Shylock se montre encore plus cruel qu'âpre au
gain : il espère en effet, en application d'un contrat d'abord signé
par plaisanterie, pouvoir enlever une livre de chair à son débiteur
Antonio.

On comparera Shylock à Harpagon en s'appuyant sur le bref
passage suivant (III, 1, trad. J. Grosjean, Club français du
livre), où Shylock se conduit à l'égard de sa fille comme Harpagon à l'acte IV, scène V :

Shylock : « Ah la la la la ! Un diamant disparu qui me coûta
deux mille ducats à Francfort. Jamais malédiction ne tomba
sur notre race jusqu'à maintenant, jamais je ne la sentis jusqu'à
maintenant. Deux mille ducats là, et un autre joyau précieux,
précieux... Je voudrais que ma fille soit morte à mes pieds
avec les joyaux aux oreilles ! Que n'est-elle ensevelie à mes
pieds avec les ducats dans son cercueil ! »

Cette dureté de cœur n'est pas malheureusement limitée à la fiction
théâtrale. Tallemant des Réaux rapporte l'histoire d'une jeune fille
à laquelle son père impose un vieux mari (t. II, p. 312) :

Elle se jeta aux genoux de son père ; mais en vain. On les
maria la nuit. Elle ne voulait pas dire oui. [...] D'autres disent
que le père lui donna un soufflet pour le lui faire dire. Quoi
que c'en soit, son mari et elle firent un terrible ménage.

{ Cette triste anecdote a des rapports évidents avec la pièce de
{ Molière. Lesquels ?

5. QUELQUES AVARES CONTEMPORAINS DE MOLIÈRE DÉPEINTS PAR BOILEAU ET TALLEMANT DES RÉAUX

Molière n'a pas pu ignorer le nom de Jean Tardieu ; conseiller au parlement de Paris, il était célèbre par toute la ville pour sa ladrerie. Sa femme, nous apprend Tallemant des Réaux, était encore plus avare que lui :

> Il n'y a rien de plus ridicule que de la voir avec une robe de velours pelé, faite comme on les portait il y a vingt ans, un collet de même âge, des rubans couleur de feu repassés, et de vieilles mouches toutes effilochées, jouer du luth et, qui pis est, aller chez la Reine.
> Elle n'a point d'enfant ; cependant sa mère, son mari et elle n'ont pour tout valet qu'un cocher : le carrosse est si méchant et les chevaux aussi qu'ils ne peuvent aller ; la mère donne l'avoine elle-même ; ils ne mangent pas leur saoul. Elles vont elles-mêmes à la porte. Une fois que quelqu'un leur était allé faire visite, elles le prièrent de leur prêter son laquais, pour mener les chevaux à la rivière, car le cocher avait pris congé. Pour récompense, elles n'ont été un temps à vivre toutes deux que du lait d'une chèvre. Le mari dit qu'il est fâché de cette mesquinerie : Dieu le sait. Pour lui, il dîne toujours au cabaret aux dépens de ceux qui ont affaire de lui, et le soir il ne prend que deux œufs. Il n'y a guère de gens à Paris plus riches qu'eux.

Ce Jean Tardieu ne se contente pas de dîner « aux dépens de ceux qui ont affaire de lui », il cherche, en profitant de sa charge, à s'enrichir par tous les moyens, et en particulier par une application systématique de la pratique courante à l'époque des gratifications données aux juges, ce qu'on appelait les « épices ».

> Le lieutenant dit à un rôtisseur qui avait un procès contre un autre rôtisseur : « Apporte-moi deux couples de poulets, cela rendra ton affaire bonne. » Ce fat l'oublia. Il dit à l'autre même chose ; ce dernier les lui envoya et un dindonneau. Le premier envoie ses poulets après coup ; il perdit, et pour raison, le bon juge lui dit : « La cause de votre partie était meilleure de la valeur d'un dindon. »

(Edit. A. Adam, t. Ier, p. 657-658, N.R.F.)

{ On examinera tous les traits communs de ces avares avec
{ Harpagon en tenant compte de ce commentaire d'A. Adam
{ (*op. cit.*, p. 1252) : « Lorsqu'on sait les rapports de Molière

{ avec des hommes qui furent les meilleurs amis de Tallemant,
{ on attache un grand prix à ces détails, si semblables à ceux qui
{ nous permettent d'imaginer le train de vie d'Harpagon, ces
{ chevaux affamés, ce cocher qui joue, comme maître Jacques,
{ le rôle de plusieurs valets. Molière pensait à Tardieu quand
{ il écrivait *l'Avare*. »

Jean Tardieu et sa femme étaient des avares à ce point célèbres
que Boileau, dans sa *Satire X* (Contre les femmes), ne consacre
pas moins de quatre-vingt-cinq vers à la ladrerie des époux :

Dans la robe on vantait son illustre maison :
Il était plein d'esprit, de sens et de raison ;
Seulement pour l'argent un peu trop de faiblesse
De ces vertus en lui ravalait la noblesse.
Sa table toutefois, sans aucune superfluité,
N'avait rien que d'honnête en sa frugalité.
Chez lui deux bons chevaux, de pareille encolure,
Trouvaient dans l'écurie une pleine pâture,
Et, du foin que leur bouche au râtelier laissait,
De surcroît une mule encor se nourrissait.
Mais cette soif de l'or qui le brûlait dans l'âme
Le fit enfin songer à choisir une femme,
Et l'honneur dans ce choix ne fut point regardé.
Vers son triste penchant son naturel guidé
Le fit, dans une avare et sordide famille,
Chercher un monstre affreux sous l'habit d'une fille ;
Et sans trop s'enquérir d'où la laide venait,
Il sut, ce fut assez, l'argent qu'on lui donnait.
Rien ne le rebuta, ni sa vue éraillée,
Ni sa masse de chair bizarrement taillée :
Et trois cent mille francs avec elle obtenus
La firent à ses yeux plus belle que Vénus.
Il l'épouse ; et bientôt son hôtesse nouvelle,
Le prêchant, lui fit voir qu'il était, au prix d'elle,
Un vrai dissipateur, un parfait débauché.
Lui-même le sentit, reconnut son péché,
Se confessa prodigue, et plein de repentance,
Offrit sur ses avis de régler sa dépense.
Aussitôt de chez eux tout rôti disparut ;
Le pain bis, renfermé, d'une moitié décrut ;
Les deux chevaux, la mule, au marché s'envolèrent ;
Deux grands laquais, à jeun, sur le soir, s'en allèrent :
De ces coquins déjà l'on se trouvait lassé,
Et pour n'en plus revoir le reste fut chassé.
Deux servantes déjà, largement souffletées,
Avaient à coups de pied descendu les montées,
Et se voyant enfin hors de ce triste lieu,
Dans la rue en avaient rendu grâces à Dieu.

Un vieux valet restait, seul chéri de son maître,
Que toujours il servit, et qu'il avait vu naître,
Et qui de quelque somme amassée au bon temps
Vivait encor chez eux, partie à ses dépens.
Sa vue embarrassait : il fallut s'en défaire ;
Il fut de la maison chassé comme un corsaire.
Voilà nos deux époux, sans valets, sans enfants,
Tout seuls dans leur logis libres et triomphants.
Alors on ne mit plus de borne à la lésine :
On condamna la cave, on ferma la cuisine ;
Pour ne s'en point servir aux plus rigoureux mois,
Dans le fond d'un grenier on séquestra le bois.
L'un et l'autre dès lors vécut à l'aventure
Des présents qu'à l'abri de la magistrature
Le mari quelquefois des plaideurs extorquait,
Ou de ce que la femme aux voisins escroquait.
Mais, pour bien mettre ici leur crasse en tout son lustre,
Il faut voir du logis sortir ce couple illustre :
Il faut voir le mari tout poudreux, tout souillé,
Couvert d'un vieux chapeau de cordon dépouillé,
Et de sa robe, en vain de pièces rajeunie,
A pied dans les ruisseaux traînant l'ignominie.
Mais qui pourrait compter le nombre de haillons,
De pièces, de lambeaux, de sales guenillons,
De chiffons ramassés dans la plus noire ordure,
Dont la femme, aux bons jours, composait sa parure ?
Décrirai-je ses bas en trente endroits percés,
Ses souliers grimaçants, vingt fois rapetassés,
Ses coiffes d'où pendait au bout d'une ficelle
Un vieux masque pelé presque aussi hideux qu'elle ?
Peindrai-je son jupon bigarré de latin,
Qu'ensemble composaient trois thèses de satin,
Présent qu'en un procès sur certain privilège
Firent à son mari les régents d'un collège,
Et qui, sur cette jupe, à maint rieur encor
Derrière elle faisait dire *Argumentabor ?*
Mais peut-être j'invente une fable frivole.
Démens donc tout Paris, qui, prenant la parole,
Sur ce sujet encor de bons témoins pourvu,
Tout prêt à le prouver, te dira : Je l'ai vu ;
Vingt ans j'ai vu ce couple, uni d'un même vice,
A tous mes habitants montrer que l'avarice
Peut faire dans les biens trouver la pauvreté,
Et nous réduire à pis que la mendicité.
Des voleurs, qui chez eux pleins d'espérance entrèrent,
De cette triste vie enfin les délivrèrent :

Digne et funeste fruit du nœud le plus affreux
Dont l'hymen ait jamais uni deux malheureux!

Après avoir énuméré les traits communs à ces avares et à celui de Molière, on tentera de comparer le talent satirique de Boileau à la satire moliéresque en analysant ses procédés. Quelle est, d'après vous, celle qui porte le plus?

6. LE PERSONNAGE DE L'AVARE ET LA TRADITION THÉÂTRALE : TRAGIQUE ET BOUFFONNERIE. TEXTES DE PLAUTE, LARIVEY ET BOISROBERT

Molière, on le sait, n'a pas inauguré l'utilisation dramatique du personnage de l'avare : Ménandre, Plaute pour ce qui est du théâtre antique, Larivey et Boisrobert pour ce qui est de la scène française antérieure à Molière, ont exploité le thème dans un esprit et avec des fortunes diverses. On peut emprunter à l'*Esthétique* du philosophe allemand Hegel (1770-1831) une pénétrante analyse de l'évolution du personnage comique d'Aristophane à Molière. Hegel, on le verra, consacre une analyse particulière au personnage de l'avare (trad. Bénard, v, p. 216) :

> Ou les sottises et les travers des personnages ne sont ridicules que pour les autres, ou ils le sont en même temps pour les personnages eux-mêmes ; en un mot, les figures comiques le sont seulement pour les spectateurs, ou aussi à leurs propres yeux. *Aristophane,* le vrai comique, avait fait de ce dernier caractère seulement la base de ses représentations. Cependant, plus tard, déjà dans la comédie grecque, mais surtout chez *Plaute* et *Térence,* se développe la tendance opposée. Dans la comédie moderne, celle-ci domine si généralement, qu'une foule de productions comiques tombent ainsi dans la simple plaisanterie prosaïque, et même prennent un ton âcre et repoussant. *Molière,* en particulier, dans celles de ses fines comédies, qui ne sont nullement des farces, est dans ce cas. Le prosaïque, ici, consiste en ce que les personnages prennent leur but au sérieux avec une sorte d'âpreté. Ils le poursuivent avec toute l'ardeur de ce sérieux. Aussi, lorsqu'à la fin ils sont déçus ou déconfits par leur faute, ils ne peuvent rire comme les autres, libres et satisfaits. Ils sont simplement les objets d'un rire étranger, ou la plupart du temps maltraités. Ainsi, le *Tartuffe* de Molière, ce faux dévot, véritable scélérat qu'il s'agit de démasquer, n'est nullement plaisant. L'illusion d'Orgon trompé va jusqu'à produire une situation si pénible que, pour la lever, il faut un *deus ex machina...*

De même, des caractères parfaitement soutenus, comme l'*Avare* de Molière, par exemple, mais dont la naïveté absolument sérieuse dans sa passion bornée ne permet pas à l'âme de s'affranchir de ces limites, n'ont rien, à proprement parler, de comique.

Il sera bon d'expliquer et de discuter cette analyse à la lumière de textes anciens et modernes qui seront le point de départ d'une étude de l'imitation classique chez Molière.

On a pu lire dans la Notice du présent volume (p. 13-14) un exposé sur les sources auxquelles a pu puiser Molière. Voici quelques textes à l'appui.

*Dans l'Avare, la scène III de l'acte premier entre Harpagon et La Flèche est imitée d'une scène de l'*Aulularia *de Plaute : Euclion, l'avare, vient de cacher son or dans le temple de la Bonne Foi; mais, averti par un présage, il revient vers le temple au moment où l'esclave Strobile, qui l'avait épié, y a pénétré pour essayer de trouver le trésor. Euclion fait sortir Strobile du temple (vers 628-660, trad. A. Ernout, Ed. des Belles Lettres, Paris).*

EUCLION, *traînant Strobile par le collet*. — Allons, dehors, ver de terre, qui viens de ramper hors de ton trou. On ne te voyait pas tout à l'heure; mais puisque tu t'es montré, tu es mort. Pardieu, je t'arrangerai de la belle manière, rusé coquin !

STROBILE. — Quelle furie te tourmente ? Qu'ai-je à faire avec toi, vieillard ? Pourquoi me bouscules-tu ? pourquoi me tirailles-tu ? pour quelles raisons me frappes-tu ?

EUCLION. — Rossard, tu me le demandes ! Voleur, que dis-je ! triple voleur !

STROBILE. — Qu'est-ce que je t'ai pris ?

EUCLION. — Rends-le moi, et vite.

STROBILE. — Que veux-tu que je te rende ?

EUCLION. — Tu le demandes ?

STROBILE. — Je ne t'ai rien pris à toi.

EUCLION. — Mais ce que tu prenais pour toi, donne-le. Eh bien, tu te décides ?

STROBILE. — A quoi ?

EUCLION. — Tu ne l'emporteras pas : impossible.

STROBILE. — Qu'est-ce que tu as donc ?

EUCLION. — Mets-moi ça là. [...]

STROBILE. — Mais que dois-je mettre là ? Appelle-moi la chose par son nom. Pour ma part, je n'ai rien pris, rien touché; je le jure.

EUCLION. — Montre-moi tes mains.

STROBILE. — Tiens, je te les montre : les voici.

EUCLION. — Bon, je vois. Maintenant, montre-moi la troisième.

STROBILE. — Mauvais esprits, humeurs noires, accès de folie : tout s'en mêle pour lui troubler la tête. Est-ce justice d'agir envers moi comme tu le fais ?

EUCLION. — Non, ma foi, non ! car j'aurais dû t'envoyer à la potence. Mais tu iras bientôt, si tu n'avoues pas.

STROBILE. — Avouer ? mais quoi ?

EUCLION. — Qu'as-tu emporté d'ici ?

STROBILE. — Les dieux m'anéantissent si je t'ai dérobé quelque chose... (*à part*) comme je l'aurais voulu.

EUCLION. — Allons vite, secoue-moi ton manteau.

STROBILE. — A ta guise.

EUCLION. — Tu n'aurais rien sous ta tunique ?

STROBILE. — Tâte où tu veux.

EUCLION. — Voyez ce scélérat ! Quelle complaisance, pour que je ne le soupçonne pas d'avoir rien dérobé. Je connais ces malices. Allons, encore une fois. Montre-moi ta main droite.

STROBILE. — Tiens.

EUCLION. — Ta gauche, maintenant.

STROBILE. — Tiens, les voilà toutes les deux. Es-tu content ?

EUCLION. — C'est bon, je renonce à te fouiller. Rends-le moi.

STROBILE. — Te rendre quoi ?

EUCLION. — Pas de plaisanteries ! Sûrement tu l'as.

STROBILE. — Je l'ai, moi ? Qu'est-ce que j'ai ?

EUCLION. — Je ne le dirai pas : tu voudrais bien me l'entendre dire. Quoi que ce soit, rends-le moi ; c'est mon bien.

STROBILE. — Tu es fou. Ne m'as-tu pas fouillé partout, à ta guise, sans rien trouver sur moi qui t'appartienne ? (*Il fait mine de s'en aller.*)

EUCLION. — Reste, reste ! Quel est l'autre ? Qui est-ce qui était tout à l'heure là-dedans avec toi ? Par Hercule ! je suis perdu ! L'autre est là-dedans qui fait des siennes... Si je lâche celui-ci, il aura tôt fait de s'en aller... Après tout, je l'ai fouillé partout, il n'a rien. (*A Strobile*) Va, tu es libre.

STROBILE. — Que Jupiter et tous les dieux t'anéantissent !

EUCLION. — Pas mal, comme remerciement. Je rentre dans le temple, et quant à ton complice, je l'étrangle sur place. Allons, hors de mes yeux. T'en vas-tu, oui ou non ?

STROBILE. — Je m'en vais.

EUCLION. — Et que je ne te revoie plus, tu m'entends? (*Il rentre dans le temple.*)

{ On étudiera dans les détails l'imitation de Plaute par Molière
{ et on réfléchira aux problèmes que pose la mise en scène de
{ ce passage chez les deux comiques.

L'antagonisme entre père et fils est un des aspects « tragiques » de l'avare. Dans la comédie de Boisrobert, *la Belle Plaideuse* (1654), le fils découvre que son père est un usurier en même temps que le père découvre que son fils est prodigue. Voici un extrait de la scène, dont on pourra lire de plus larges extraits dans *la Comédie au XVIIᵉ siècle avant Molière*, tome II, Nouveaux Classiques Larousse. Ergaste est mis en présence du prêteur, qui n'est autre que son père, Amidor, sous les yeux de son valet Filipin et du notaire Barquet.

ERGASTE

Quoi! c'est là celui qui fait le prêt?

BARQUET

Oui, monsieur.

AMIDOR

Quoi! c'est là ce payeur d'intérêt?
Quoi! c'est donc toi, méchant filou, traîne-potence?
C'est en vain que ton œil évite ma présence.
Je t'ai vu.

ERGASTE

Qui doit être enfin le plus honteux,
Mon père, et qui paraît le plus sot de nous deux?

FILIPIN

Nous voilà bien chanceux!

BARQUET

La bizarre aventure!

ERGASTE

Quoi! jusques à son sang étendre son usure?

BARQUET

Laissons-les.

AMIDOR

Débauché, traître, infâme, vaurien,
Je me retranche tout pour t'acquérir du bien :
J'épargne, je ménage; et mon fonds que j'augmente
Tous les ans, tout au moins, de mille francs de rente,

N'est que pour t'élever sur ta condition ;
Mais tu secondes mal ma bonne intention.
Je prends pour un ingrat un soin fort inutile ;
Il dissipe en un jour plus qu'on épargne en mille
Et, par son imprudence et par sa lâcheté,
Détruit le doux espoir dont je m'étais flatté.

ERGASTE

A quoi diable me sert une épargne si folle,
Si ce qu'on prête ailleurs je sens qu'on me le vole,
Moi qui vivrais en roi des usures qu'on perd
Et des écus moisis que l'on met à couvert ?
Que j'aurai grand plaisir des grands biens qu'on me garde,
Quand je serai sans dents, moi que chacun nasarde,
Moi qui vis misérable et n'ai pas de crédit
Pour un pauvre repas, ni pour un pauvre habit,
Tandis qu'avec éclat j'en vois d'autres paraître,
Plus pauvres, mais que Dieu plus heureux a fait naître !

AMIDOR

Parais-tu pas plus qu'eux, insolent, effronté,
Dans tes habits d'hiver, dans tes habits d'été ?
Tu fais plus : tous les jours tu fais des promenades,
Tu donnes des festins mêlés de sérénades.

ERGASTE

Est-ce de votre bien ? vous ai-je dérobé ?

AMIDOR

Le péril est plus grand où je te vois tombé ;
Car, vivant jour et nuit dans ce désordre extrême,
Tu travailles, méchant, à te voler toi-même.
Où prends-tu tout, dis-moi, jusqu'à ce riche habit
Que je vois sur ton corps, si ce n'est à crédit,
Et jusqu'à ces plumets qui volent sur ta tête ?
Si tu te contentais d'un entretien honnête,
Tu m'aurais vu bon père, et selon ton état
Je t'aurais fait paraître avec assez d'éclat ;
Mais tes profusions lassent ma patience.
Il y va de l'honneur et de la conscience ;
Je ne puis plus souffrir tels fols comportements :
Il faut donner un frein à tes débordements.

{ D'après cette scène, on comparera *l'Avare* et *la Belle Plaideuse*
{ tant dans le domaine de la psychologie des personnages que
{ dans celui de la mise en œuvre dramatique.

Un des grands moments de *l'Avare* est, sans aucun doute, la scène où Harpagon se lamente sur le vol de sa « chère cassette ». On trouve une scène comparable dans l'*Aulularia* de Plaute :

Strobile, toujours à l'affût, voit Euclion placer son trésor dans une nouvelle cachette, au bois de Silvain; cette fois, il réussit à dérober la marmite. Euclion, s'apercevant du vol, se lamente. C'est ce monologue que Molière a imité à la scène VII de l'acte IV. (Vers 713-726, trad. A. Ernout, Ed. des Belles Lettres.)

EUCLION. — Je suis perdu! je suis mort! je suis assassiné! Où courir? Où ne pas courir? arrêtez-le, arrêtez-le! Mais qui? Et qui l'arrêtera? Je ne sais, je ne vois rien, je vais en aveugle... Où vais-je, où suis-je, qui suis-je, je ne sais plus, j'ai la tête perdue... Par pitié vous autres, je vous en prie, je vous en supplie, venez à mon secours : indiquez-moi l'homme qui me l'a ravie. (*Au public*) Que dis-tu toi? Je veux t'en croire : tu as la figure d'un honnête homme. Qu'y a-t-il? pourquoi riez-vous? Je vous connais tous. Je sais que les voleurs sont légion parmi vous; ils ont beau se cacher sous des vêtements blanchis à la craie, et demeurer sagement assis tout comme de braves gens... Hein, quoi? personne ne l'a? Tu m'assassines. Dis-moi, voyons : qui l'a? Tu ne sais pas? Ah, pauvre, pauvre malheureux! je suis mort. C'en est fait, je suis un homme perdu, au plus mal arrangé, tant cette fatale journée m'apporte de larmes, de maux, de chagrin, sans compter la faim et la pauvreté... Perdu, ah oui, je le suis bien, et plus qu'aucun homme au monde. Que me sert de vivre, à présent que j'ai perdu tout cet or que je gardais avec tant de soin? Je me privais du nécessaire, me refusant toute joie, tout plaisir : et maintenant d'autres en profitent, et se gaussent de mon malheur et de ma ruine... Non, je n'y résisterai pas.

Pierre Larivey (1540-1611), dans *les Esprits* (1579), imitant Plaute par l'intermédiaire de Lorenzino de Médicis, nous donne une scène analogue. (On lira d'autres extraits de cette comédie dans *la Comédie au XVIᵉ siècle*, Classiques Larousse.) L'avare Séverin vient de retrouver sa bourse pleine de cailloux :

SÉVERIN. — Hélas! je suis détruit! Je suis perdu! Je suis ruiné! Au voleur, au larron, au larron, prenez-le, arrêtez tous ceux qui passent, fermez les portes, les huis, les fenêtres, misérable que je suis! où cours-je? à qui le dis-je? Je ne sais où je suis, que je fais, ni où je vais. Hélas, mes amis, je me recommande à vous tous! Secourez-moi, je vous prie, je suis mort, je suis perdu. Enseignez-moi qui m'a dérobé mon âme, ma vie, mon cœur et toute mon espérance; que n'ai-je un licol pour me pendre? Car j'aime mieux mourir que vivre ainsi : hélas, elle est toute vide! vrai Dieu, qui est ce cruel qui tout à coup m'a ravi mes biens, mon honneur et ma vie? Ah! chétif que je suis, que ce jour m'a été malencontreux! A quoi veux-je plus vivre, puisque j'ai perdu mes écus que j'avais si soigneusement amassés, que j'aimais et tenais plus chers que mes propres yeux? mes écus que j'avais épargnés retirant le pain de ma bouche, n'osant manger mon saoul, et qu'un autre jouit maintenant de mon mal, et de mon dommage?

On ne se contentera pas d'établir avec précision la liste des emprunts de Molière, mais on cherchera également les raisons qui l'ont conduit à modifier certains détails de la scène traditionnelle.

7. LES DIFFICULTÉS DE L'ÉTABLISSEMENT DES ENFANTS AU XVIIᵉ SIÈCLE. UN EXEMPLE : RACINE

Pour Harpagon, ses enfants constituent un poids, une entrave à son vice. Il importe de souligner que ce trait n'est que l'exagération de la réalité sociale de l'époque. La correspondance de Racine nous fournit un exemple concret. Nous citons d'abord une lettre de Racine à son fils Jean-Baptiste, qui est attaché à l'ambassadeur de Hollande.

En laissant de côté tout ce qui relève de l'érudition, on s'attachera à définir le ton de cette lettre et surtout la qualité d'affection qui attache Racine à son fils ; on la comparera aux rapports d'Harpagon et de Cléante.

À JEAN-BAPTISTE RACINE

A Paris, le 27 février 1698.

... J'ai donné à M. Pierret, pour vous, onze louis d'or et demi vieux, faisant cent quarante livres dix-sept sous, et je les lui ai donnés parce qu'il m'a dit qu'il n'y avait rien à perdre dessus et qu'ils faisaient en Hollande douze livres cinq sous comme ici. Je vous prie d'être le meilleur ménager que vous pourrez, et de vous souvenir que vous n'êtes point le fils d'un traitant ni d'un premier valet de garde-robe... M. de Montarsis, que je vis l'autre jour, me dit que M. Bombarde vous avait donné trente pistoles d'Espagne. Vous avez eu tort de ne m'en rien mander, car je ne lui avais donné que trois cents francs ; mais vraisemblablement vous croyez qu'il n'est pas de grand air de parler de ces bagatelles, non plus que de nous mander combien il vous restait d'argent de votre voyage. Nous autres, bonnes gens de famille, nous allons plus simplement, et nous croyons que bien savoir son compte n'est pas au-dessous d'un honnête homme. Votre mère, qui est toujours portée à bien penser de vous, croit que vous l'informerez de toutes choses, et que cela

fera en partie le sujet des lettres que vous lui promettez de
lui écrire. Sérieusement, vous me ferez plaisir de paraître un
peu appliqué à vos petites affaires. M. Despréaux a dîné
aujourd'hui au logis, et nous lui avons fait très bonne chère,
grâces à un fort grand brochet et à une belle carpe qu'on nous
a envoyés de Port-Royal. M. Despréaux venait de toucher sa
pension, et de porter chez M. Caillet dix mille francs pour se
faire cinq cent cinquante livres de rente sur la ville. Demain,
M. de Valincour viendra encore dîner au logis avec M. Despréaux. Vous jugerez bien que cela ne se passera pas sans boire
à la santé de M. l'ambassadeur et la vôtre. J'ai été un peu incommodé ces jours passés ; mais cela n'a pas eu de suite, Dieu merci,
et nous sommes tous en bonne santé. M. Pierret m'a conté que
M. de la Clausure avait été douze jours à venir ici de La Haye
en poste, et m'a fait là-dessus un grand éloge de votre dili-
gence. Dans la vérité, je suis fort content de vous, et vous le
seriez aussi beaucoup de votre mère et de moi, si vous saviez
avec quelle tendresse nous nous parlons souvent de vous.
Songez que notre ambition est fort bornée du côté de la
fortune, et que la chose que nous demandons du meilleur cœur
au bon Dieu, c'est qu'il vous fasse la grâce d'être homme de
bien et d'avoir une conduite qui réponde à l'éducation que
nous avons tâché de vous donner.

Voici une seconde lettre où Racine fait état tout au long des difficultés d'un père, dont la fortune est médiocre, à établir ses enfants.
Pour les filles, on le verra, le couvent semble être un expédient
commode. D'autre part, le fils aîné doit être au fait des responsa-
bilités qui vont lui incomber. Ce document, d'une grande sincérité,
doit mieux faire comprendre l'attitude d'Harpagon et le décalage
qu'on y constate par rapport aux mœurs du temps. On l'appréciera
mieux quand on saura que Jean-Baptiste, à qui est adressée la
lettre, avait un frère et cinq sœurs.

A Paris, le 16 juin 1698.

On m'envoya à Marly la lettre que vous m'écriviez d'Aix-la-
Chapelle. J'y ai vu avec beaucoup de plaisir la description que
vous y faisiez des singularités de cette ville, et surtout de la
procession où Charlemagne assiste avec de si belles cérémonies.
Je vous crois maintenant de retour au lieu de votre résidence,
et je m'attends que je recevrai bientôt de vos nouvelles et de
celles de M. l'ambassadeur, qui me néglige un peu depuis
quelque temps. J'arrivai avant-hier de Marly, et j'ai retrouvé
toute la famille en bonne santé. Il m'a paru que votre sœur
aînée reprenait assez volontiers les petits ajustements auxquels
elle avait si fièrement renoncé, et j'ai lieu de croire que sa
vocation à la religion pourrait bien s'en aller avec celle que
vous aviez eue autrefois pour être chartreux. Je n'en suis point

du tout surpris, connaissant l'inconstance des jeunes gens, et le peu de fond qu'il y a à faire sur leurs résolutions, surtout quand elles sont si violentes et si fort au-dessus de leur portée. Il n'en est pas ainsi de votre sœur qui est à Melun. Comme l'ordre qu'elle a embrassé est beaucoup plus doux, sa vocation sera aussi plus durable. Toutes ses lettres marquent une grande persévérance, et elle paraît même s'impatienter beaucoup des quatre mois que son noviciat doit encore durer. Babet paraît aussi souhaiter avec beaucoup de ferveur que son temps vienne pour se consacrer à Dieu. Toute la maison où elle est l'aime tendrement, et toutes les lettres que nous en recevons ne parlent que de son zèle et de sa sagesse. On dit qu'elle est fort jolie de sa personne, et qu'elle est même beaucoup crue. Mais vous jugez bien que nous ne la laisserons pas engager légèrement et sans être bien assurés d'une véritable vocation. Vous jugez bien aussi que tout cela n'est pas un petit embarras pour votre mère et pour moi, et que des enfants, quand ils sont venus à cet âge, ne donnent pas peu d'occupation. Je vous dirai très sincèrement que ce qui nous console quelquefois dans nos inquiétudes, c'est d'apprendre que vous avez envie de bien faire, et que vous vous appliquez sérieusement à vous instruire des choses qui peuvent convenir à votre état et aux vues que l'on peut avoir pour vous. Songez toujours que notre fortune est très médiocre, et que vous devez beaucoup plus compter sur votre travail que sur une succession qui sera fort partagée. Je voudrais avoir pu mieux faire ; c'est à vous maintenant à travailler : je commence à être d'un âge où ma plus grande application doit être pour mon salut. Ces pensées vous paraîtront peut-être un peu sérieuses ; mais vous savez que j'en suis occupé depuis fort longtemps. Comme vous avez de la raison, j'ai cru même vous devoir parler avec cette franchise à l'occasion de votre sœur, qu'il faut maintenant songer à établir. Mais enfin nous espérons que Dieu, qui ne nous a point abandonnés jusqu'ici, continuera à nous assister et à prendre soin de vous, surtout si vous ne l'abandonnez point vous-même, et si votre plaisir ne l'emporte point sur les bons sentiments que l'on a tâché de vous inspirer. Adieu, mon cher fils : je vous écrirai une autre fois plus au long. Votre mère vous embrasse de tout son cœur. Ne vous laissez manquer de rien de ce qui vous est nécessaire.

JUGEMENTS SUR « L'AVARE »

XVIIe SIÈCLE

La chronique rimée de Robinet, qui reflète d'ordinaire les impressions de l'ensemble du public, montre qu'on a éprouvé quelque surprise de voir la pièce écrite en prose.

> J'avertis que le sieur Molière,
> [..........................]
> Donne à présent sur son théâtre,
> Où son génie on idolâtre,
> Un *Avare* qui divertit,
> Non pas certes pour un petit,
> Mais au-delà ce qu'on peut dire;
> Car d'un bout à l'autre il fait rire.
> Il parle en prose, et non en vers;
> Mais, nonobstant les goûts divers,
> Cette prose est si théâtrale,
> Qu'en douceur les vers elle égale.

Robinet,
Lettre du 15 septembre 1668.

XVIIIe SIÈCLE

A Fénelon, critique au goût délicat, peu favorable en général à la comédie telle que la conçoit Molière, l'outrance des procédés comiques paraît choquante; quant à son jugement sur le style, il laisse prévoir, malgré ses restrictions, le point de vue moderne de la critique.

Molière a outré les caractères : il a voulu, par cette liberté, plaire au parterre, frapper les spectateurs les moins délicats, et rendre le ridicule plus sensible. Mais quoiqu'on doive marquer chaque passion dans son plus fort degré et par ses traits les plus vifs, pour en mieux montrer l'excès, la difformité, on n'a pas besoin de forcer la nature et d'abandonner le vraisemblable. Ainsi, malgré l'exemple de Plaute, où nous lisons *Cedo tertiam*, je soutiens, contre Molière, qu'un avare qui n'est point fou ne va jamais jusqu'à vouloir regarder dans la troisième main de l'homme qu'il soupçonne de l'avoir volé. [...]

En pensant bien, il [Molière] parle souvent mal; il se sert des phrases les plus forcées et les moins naturelles [...]. J'aime bien mieux sa prose que ses vers. Par exemple, *l'Avare* est moins mal écrit que les pièces qui sont en vers.

Fénelon,
Lettre sur les occupations de l'Académie française
(chap. VII) [1716].

J.-J. Rousseau pose avec intransigeance un problème qui n'avait pas préoccupé les critiques antérieurs : l'exemple de l'Avare lui sert à démontrer l'immoralité de Molière, et il ouvre la voie à ceux qui, trouvant Harpagon pitoyable, découvriront du tragique dans l'Avare.

C'est un grand vice d'être avare et de prêter à usure ; mais n'en est-ce pas un plus grand encore à un fils de voler son père, de lui manquer de respect, de lui faire mille insultants reproches, et, quand ce père irrité lui donne sa malédiction, de répondre, d'un air goguenard, qu'il n'a que faire de ses dons ? Si la plaisanterie est excellente, en est-elle moins punissable ? et la pièce où l'on fait aimer le fils insolent qui l'a faite en est-elle moins une école de mauvaises mœurs ?

J.-J. Rousseau,
Lettre à d'Alembert sur les spectacles (1758).

Un autre aspect de l'Avare sera enfin mis en discussion, alors qu'il avait jusque-là soulevé peu de critiques : celui de la technique dramatique ; comment est construite l'action de l'Avare ?

L'Avare est une de ses pièces [de Molière] où il y a le plus d'intentions et d'effets comiques. [...] Le seul défaut de la pièce est de finir par un roman postiche. [...] Mais, à cette faute près, quoi de mieux conçu que l'Avare ? L'amour même ne le rend pas libéral, et la flatterie la mieux adaptée à un vieillard amoureux n'en peut rien arracher.

La Harpe,
Lycée, ou Cours de littérature ancienne et moderne (1799).

XIXᵉ SIÈCLE

A partir du XIXᵉ siècle, les jugements critiques sur l'Avare reviennent toujours sur trois questions, auxquelles sont données d'ailleurs des réponses divergentes : 1° on discute de la composition dramatique de la pièce, souvent jugée artificielle et hâtive ; 2° on trouve le caractère d'Harpagon, tantôt cohérent, tantôt formé d'éléments disparates ; 3° on interprète différemment la moralité de l'Avare, selon qu'on est plus ou moins influencé par le jugement de J.-J. Rousseau, qui veut y voir une tragédie.

L'Avare, dans lequel le vice détruit toute la piété qui unit le père et le fils, a une grandeur extraordinaire et est à un haut degré tragique.

Gœthe,
Conversations avec Eckermann (en 1825).

Harpagon est moins un caractère bien étudié et suivi en ses déve-
loppements qu'une collection de traits d'avarice qui ne se tiennent
pas tous. [...] Il semble qu'Harpagon ne soit qu'une abstraction très
puissante d'aspect, mais creuse et vide, où Molière s'est plu à ramasser tous les symptômes connus de l'avarice.

Francisque Sarcey,
Feuilleton du *Temps* (1873).

L'Avare est peut-être la pièce où l'élément universel est le plus
dégagé : Harpagon est le plus abstrait des caractères de Molière :
il est l'avare en soi; l'usurier du XVIIe siècle n'apparaît qu'à une
minutieuse étude. C'est que le vice d'Harpagon se prêtait à cette
expression abstraite, et la tradition littéraire depuis des siècles
préparait le type classique, universel, de l'avare : l'avare qui enterre
son or. Ce type contredisait le portrait contemporain, et lui barrait
la route.

Gustave Lanson,
Histoire de la littérature française (1894).

XXe SIÈCLE

L'Avare est une œuvre de premier ordre, une des plus fortes
de Molière, mais une œuvre dont les riches matériaux ont été insuf-
fisamment fondus et pour la composition de laquelle le temps évidemment a manqué.

Eugène Rigal,
Molière (1908).

Tout ce qui concerne l'avarice dans *l'Avare* tiendrait à peine
trois actes; pour remplir les cinq actes de cette comédie, il y a une
histoire d'amour qui n'ajoute rien au caractère d'Harpagon, qui
surprend au contraire et déconcerte. [...] L'amour du vieillard
donne lieu à quelques scènes de comédie qui seraient les mêmes,
s'il n'était pas avare.

Maurice Donnay,
Molière (1911).

Molière y entre [dans *l'Avare*] dans sa grande manière, qui
consiste, autour du personnage principal, à peindre toute une
famille et à montrer cette famille désorganisée par le vice du personnage principal. Ce genre de comédie est à la fois la comédie

de caractère et la comédie sociale. Quant au personnage principal, il est peint selon le procédé constant, ou plutôt selon le principe constant de Molière, à la fois odieux et ridicule, le ridicule l'emportant toujours et le soin étant pris qu'il y ait une progression constante du ridicule.

Émile Faguet,
En lisant Molière (1914).

Voilà sans doute la comédie de Molière qui porte le moins sa marque. Elle est tout artifice, toute fabrication. Mais une scène éclate, où Molière reparaît, pathétique. C'est celle du père et du fils (acte IV, scène V). C'est l'altercation entre Harpagon et Cléante, amoureux de la même femme. Il n'est plus question alors de cette avarice, dont Molière a fait une étude pleine de métier, mais qui est en dehors de son problème. Là, c'est le grand problème qui surgit à nouveau. Se peut-il que l'ordre de l'amour et de la filiation, qui président ensemble à l'ordre de la vie, entrent en conflit au sein de cette vie pour y faire éclater un désordre scandaleux? La nature est-elle si aveugle et la société si imparfaite, qu'elles ne puissent éviter de se jeter dans cette dispute atroce? Comme chaque fois qu'une telle question se pose à Molière, il s'en délivre en la jetant toute vive et toute brûlante dans son théâtre. Il ne la résout pas. (Elle est insoluble, d'ailleurs, dans le cadre du seul ordre humain.) Il la pose avec ce ton d'angoisse qui est dans les scènes violentes de son œuvre : ce sont les cris de l'homme qui, ayant tout attendu de l'ordre humain, se demande s'il ne doit pas en désespérer.

André Rousseaux,
le Monde classique (1946).

L'Avare n'est absolument pas tragique. [...] Quand Sarcey trouve que la pièce est « morose et chagrine », que « l'impression n'est point de gaieté franche », il se trompe, et son erreur vient de ce qu'il n'a pas vu exactement le personnage d'Harpagon.

[...] Ce vieillard, physiquement épuisé, moralement traqué, est un bouffon. Bouffon devant Mariane, bouffon dans ses pauvres colères, bouffon dans sa naïveté lorsqu'il boit les flatteries de Frosine. Ce tyran est seulement ridicule. Il est au plus haut point comique, et, dès lors, il devient impossible de prétendre que *l'Avare* doit son caractère de comédie aux seuls *lazzi* qui viennent se superposer à l'intrigue de fond.

Antoine Adam,
*Histoire de la littérature française
au XVII*e *siècle* (tome III) [1952].

SUJETS DE DEVOIRS

NARRATIONS

● Imaginez et racontez ce qui se passe chez Harpagon le lendemain du dénouement de la pièce, en attribuant à chacun des personnages une conduite et des propos conformes à son caractère.

● Quelques jours après les événements qui terminent la pièce, Valère écrit à un ami pour lui raconter ses aventures depuis qu'il est entré comme intendant chez Harpagon. Rédigez sa lettre, en tenant compte du caractère, des sentiments et du ton habituel du personnage.

● Supposez que l'intrigue imaginée par Frosine à la scène première de l'acte IV se déroule suivant le plan prévu : écrivez la scène où Harpagon accueille la riche provinciale que lui présente Frosine.

● Au soir de cette mémorable journée, maître Jacques, dame Claude, Brindavoine et La Merluche commentent les événements.

● On peut imaginer que M. Jourdain et Harpagon vivent dans le même quartier de Paris : composez le dialogue de deux commères du voisinage qui bavardent sur ce qui se passe chez les deux bourgeois.

● Avant la réception chez Harpagon, Mariane discute avec sa mère de sa situation d'avenir.

DISSERTATIONS

● Vinet a écrit : « Peut-être faut-il être jeune pour s'égayer habituellement à la lecture de Molière et, en général, des poètes comiques. Oui, la comédie en elle-même est plus triste, au fond, que la tragédie. » Que pensez-vous de cette opinion après avoir lu *l'Avare*?

● D'après Eugène Rigal, l'intrigue de *l'Avare* « est peu nette, elle ne découle pas tout entière du caractère principal, et elle comporte de grosses invraisemblances ». Discutez ce jugement.

● Discutez l'opinion de Rousseau sur la prétendue immoralité de *l'Avare* (voir Jugements, p. 118).

● Molière a-t-il eu tort ou raison de faire Harpagon amoureux ?

● De quels éléments se compose la forme complexe de comédie que l'on trouve dans *l'Avare* ?

● Analysez le caractère d'Harpagon. Ce caractère est-il parfaitement homogène et cohérent ? Dans quelle mesure est-il un *type* ? Dans quelle mesure est-il un *caractère* ?

● Etudiez le personnage de maître Jacques : est-ce un simple valet de comédie ?

● Etudiez le procédé du quiproquo en prenant, dans *l'Avare*, plusieurs exemples des diverses formes de cet effet comique. Vous pouvez vous inspirer dans cette étude de la remarque suivante de J. Lemaitre : « Au théâtre, le poète doit toujours nous mettre dans son secret. Ce n'est pas nous qu'il faut surprendre, mais les acteurs de la pièce. [...] Il m'est d'autant plus agréable de voir s'agiter les personnages que je sais mieux où le poète les mène. » (*Impressions de théâtre*, 3ᵉ série, 1889, p. 4 et 7.)

● Dans *le Misanthrope*, dans *l'Avare*, dans *le Tartuffe*, dans *les Femmes savantes*, « il y a une comédie de caractère et une comédie de mœurs intimement associées. Chacune est comédie de caractère par le personnage principal : Alceste, Harpagon, Tartuffe, Philaminte ; comédie de mœurs par ce qui l'entoure : salon de Célimène, maison d'Harpagon, maison d'Orgon, maison de Chrysale ». Développez ce jugement d'Emile Faguet en étudiant plus particulièrement *l'Avare*.

● « Molière avait fait l'avarice dans Harpagon ; moi j'ai fait un avare avec le père Grandet », affirme Balzac (*Lettres à l'Étrangère*). Commentez et discutez ce propos, en comparant les deux personnages.

TABLE DES MATIÈRES

Imprimerie Hérissey. — 27000 - Évreux.
Juin 1971. — Dépôt légal 1971-1er. — N° 24940. — N° de série Éditeur 9813.
imprimé en france *(Printed in France)*. — 34 656 Y-2-80.